今日の授業実践から明日の授業実践を創造する

教育方法学へのいざない

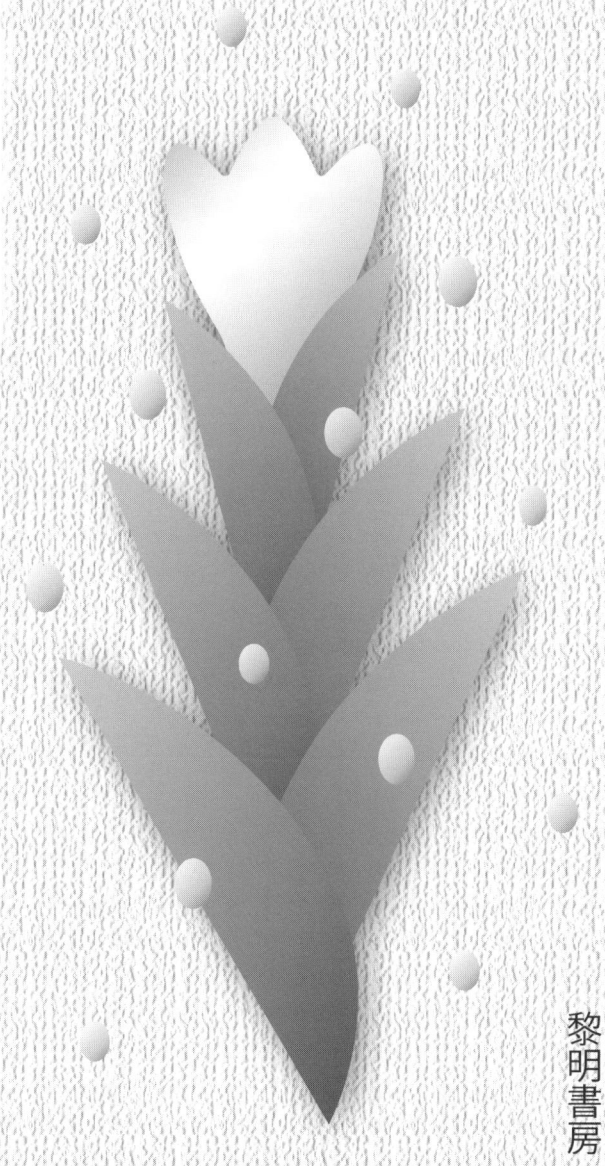

平山 勉 編著

黎明書房

はじめに

　私は，授業研究に学校ぐるみで取り組んでいる富山市立堀川小学校に児童として在籍した。この学校は，名古屋大学教育方法研究室の初代主任教授である重松鷹泰先生が指導した学校の一つで，縁があり自身，名古屋大学の教育学部・大学院（教育学研究科）に進学し，師事した日比裕先生も研究会で講演された学校で，自身も大学院生の時に重松鷹泰先生がメイン講師の校内研究会に何度も名古屋から通って参加したことなど多くの思い出がある。

　小学校在籍時の代表的な思い出の一つは，授業の時にオープンリールのカセットテープレコーダーが教卓に2台セットされていて，授業を録音することがごく当たり前と思っていたことである。その後，大学に進学し，授業研究を学び，そこでは日常的に授業の録音が行われ，そこから逐語記録の作成や分析，検討を行っていたということもあり，先駆的な授業研究の実践校に運良く在籍できたということを感謝している。

　また，当時参加した研究会の低学年部会では「一人の児童の発言」の解釈や考察を巡って，授業者を中心に参加された先生方で熱い議論が交わされ，最後に予定されていた重松先生の総括講演の時間を縮小してまで行う様子，それらを頼もしそうに見守る優しい重松先生の視線を忘れることはできない。

　現代の子どもは，諸外国と比較しても自尊感情の欠如が課題の一つとして挙げられる。本稿を執筆中にロンドンオリンピックが開催され，日本は史上最高のメダルを獲得し，3年毎に経済協力開発機構（OECD）の「生徒の国際学習到達度調査（PISA）」でも，2011年の調査で，65カ国・地域中，「読解力」の分野で8位，「数学的リテラシー（応用力）」も「科学的リテラシー」も9位と5位という結果は前回より向上しており，教育関係者は大きな期待を抱いている。

　しかし，私は単なるランキングの推移に一喜一憂する以前に，一連の調査で浮かびあがってきている「日本の場合，得点の下位層が，ほかの上位国・地域と比べて特に多いという結果」及び「正答率以上に，記述問題の無回答率の高さ」に憂慮を感じる。

従来から，教育学者が強調してきている「身近な問題に関心を持ち，自分の頭で考え，自ら行動する」ということが，教育を通し，子どもを社会の「一人前」にすることの大前提と考えるからである。

　原始，狩猟で生活の糧を得ていた頃，マンモスの生態，行動様式に精通しなければ，自らの命の存続も危うかっただろうし，採集で生活の糧を得ていた頃は，木の実や草花の有毒性についての知識・知恵の伝達が必要であっただろう。

　その後「読み」「書き」「そろばん」が基本となった際も，単に「そろばん」等のスキルを身につけることのみが強調されたのではなく，「そろばん」を通して経済感覚を身につけることが必要であった。

　本書は大前提として，教職課程の必修科目である「教育方法論」のテキストとして編纂されており，この東海地区を代表する教育実践家の諸氏から，自分たちの教師としての経験や授業設計等の「授業づくり」，コンピュータやマルチメディア技術を駆使した「学習支援の方策」について，将来の日本の教育を担う教職課程履修生に向けて語られた，教師として「一人前」になってもらうための願いが凝縮された本なのである。

　もちろん，現役の教師や教育に関心のある方々にとっても，どこを読んでいただいても明日の教育実践を構築することへの示唆を得ることができると確信している。

執筆者を代表して　平山　勉

目次

はじめに 1

第1章　理論編①　授業設計の課題

1　授業実践能力育成　6
2　専門職としての教師教育の課題　6
3　「教授」と「学習」の関係　7
4　教師の立ち位置の変化に対応していく　7
5　子どもの「気づき」「自立を支援する」メンターとしての教師　8
6　子どもの思考を育てるマルチメディアの活用　8
7　課題にチャレンジ　8

第2章　理論編②　授業記録を通した教職課程履修生の力量形成の可能性
　　　　　　　　―ユビキタス映像記録視聴システム活用の実践を通して―

1　「授業映像記録」活用の可能性　12
2　ユビキタス映像記録視聴システム　12
3　授業映像記録を通した教師の力量形成　13
4　朝日栄里子教諭の教師としての成長に学ぶ　14

第3章　実践編①　教科・道徳の授業づくりをどう進めるか

1　小学校社会科　歴史的な見方や考え方を育む社会科授業　18
　　　　　　　　―第6学年　社会科「天下統一に向けた豊臣秀吉の業績」を通して―

2　中学校数学科　未来をたくましく生き抜くための
　　　　　　　　思考力，判断力，表現力の育成　26
　　　　　　　　―中学校第3学年　数学科での個人追究と伝え合いの学習を通して―

3	中学校理科	互いに考えを深め，高め合う理科授業　35
		―話し合い活動の場面を設定した中学校の実践を通して―
4	中学校道徳	価値を教える授業から価値観を育む道徳授業へ　43

第4章　実践編②　「総合的な学習の時間」の可能性を探る

1	小学校	地域を教材とした総合的な学習の時間の授業設計　54
		―第6学年「町名から探る西小校区の昔」の実践を通して―
2	小学校	子どもの思いや願いで進める授業　62
		―第6学年　総合的な学習「織田信長」の実践から―
3	小学校	郷土愛はふるさと検定から　70
		―「津島の達人　ジュニア歴史検定」「津島の達人　ジュニア選手権」の実践と考察を通して―

第5章　実践編③　マルチメディア教育の理論と実践の方法

1	小・中学校	視聴覚教材の歴史と自作ビデオ教材を活用した実践　80
2	小学校	子どもの追究を助けるマルチメディア教材のあり方　89
		―マルチメディア教材「弥富市たんけん」の制作と授業での活用―

第6章　実践編④　学校づくり・教師づくりをどう進めるか

1	小学校	ホームページを活用した学校づくり　98
		―保護者・地域のニーズに応える情報提供―
2	小学校	若い教師を育てる　106
		―「校内若手教師研修会」の実践から―
3	小学校	授業づくりのエネルギーで学校は活性化する　114
		―生路小学校の「授業実践研究フォーラム」開催までの軌跡―
4	生涯学習	大学生と共に創るドキ☆土器☆「弥生・古墳学習」　122

おわりに　130

第1章

理論編①

授業設計の課題

プロデューサー的立ち位置

知識伝達型

1 授業実践能力育成

今日,高度な専門性と実践的な指導力を有する教師養成及び現職教師の再教育の充実が求められている。教師にとって,授業実践能力は,教育の専門家として求められる根幹をなす力量と言える。授業実践能力に関する研究と定義は多岐に渡る。

小金井・井上 (1979) は学習者への対応行動のカテゴリー分析を行い教授モデルという観点から授業実践能力を論じ,西之園 (1981) は「教育技術とは,教育者の実践的活動における客観的な規則による行動あるいは形成の判断力過程である」と,授業内での教師の意思決定及び,指導案作成等の授業設計段階での判断力を含めた観点で教育技術を定義している。

この教師の意思決定に焦点を当てた代表的な研究としては,吉崎 (1988) がシェイベルソンやクラークらによる教師の思考過程研究の弱点を指摘しながら,授業計画とのズレに焦点を当てた意思決定モデルを提出したものがある。さらに井上 (1995) は教師の持つ教授行動のレパートリーとその構成方法の観点から,実践的能力育成を論じている。細川 (2000) は,教師の学びと成長という観点から授業実践能力に関する研究の意義を述べている。

教師らは,授業を設計(デザイン,プラン),実施,省察し,改善をはかりながら次回以降の授業を設計する,一連のPDCAサイクルを通して,学習者の理解,集団指導,学級づくり,学習指導・授業づくり,教材解釈等の力量を育成することが重要であるが,教師は毎日の授業実践以外の仕事も多く,自身の授業実践を記録し,分析・考察したり,同僚及び他校の教師の授業等を参観したりすることは教員個人の努力に委ねられている。

さらに教職課程履修生の場合,教育実習等の学校現場以外で包括的な力量を伸ばす機会は少ない。したがって,時間や距離等の制約を解消できる授業研究の方法が求められている。

2 専門職としての教師教育の課題

「教員の資質能力の向上特別部会答申」(2012年05月15日) は専門職として,①「責任感,探究力,自主的に学び続ける力」,②「高度な知識・技能」,③総合的な人間力(コミュニケーション力,チームで対応する力)の重要性を説いている。委員の一人である安彦忠彦氏は,医師の「人間の生物的生命を守る」,弁護士の「人間の社会的生命を守る」と比較して,「教師は人間の精神的生命を守る」職業と主張されている。

近年,PCK (Pedagogy Content Knowledge) の重要性も認識されている。多くの場合,「自分が学んだように教える」ことが基本となるが,成功経験のある者が初任者に教える時,ともすると自分流の教え込みとなってしまう弊害が多い。昨今,社会問題になっているスポーツ指導における体罰,暴力問題もその根幹に「自分が体罰を糧にしてプラスの成功体験ができた」場合が少なくない。一方で「教育内容に精通しているだけでは教えることは難しい」のが教育の難しいところである。マニア的な話術や内容を受け入れがたいことも,そ

のことを証明している。したがって，教師は対峙している学習者にとって「教えるべき内容」を「学べるように変換した教育内容の知識」にする専門的な力量が必要なのである。

加えて一斉指導やグループ指導，個別指導の中で学習者の意欲を伸ばすことができる対話能力，対人関係を構築する能力も必要である。ここではKR（学習心理学でよく使われる「学習者に対する結果のフィードバック」を意味する「Knowledge of Results」）すなわち学習者の言動に，教師が何らかの反応（うなずき，板書等）を磨くことをあげておきたい。

3　「教授」と「学習」の関係

子ども（学習者）が，「あれ？」「どうして？」と素朴に感じた疑問，関心の中にこそ真の教材がある。教師はそうした子どもの動的な（昨日，今日，そして明日と，子どもの関心やこだわりは刻々と変化している）思考体制を俊敏に捉えようとする姿勢が重要である。

授業では，子ども自身の「あれ？」「どうして？」という素朴（純粋）な疑問等を「気づき」にもっていくために，個々の子ども（学習者）の思考のための土台形成（俗に「足場を固める」と言われている）に愚直に努力することは教師にとって重要であるが，自身の先入観や思い込みでの「気づき」と実際の子どもの「気づき」には必ず「ズレ」がある。それを真摯に受け止めて，その「ズレ」を埋めていくのが授業過程の大きな意義のはずである。しかし，多くの教師は教師が捉えた子どもの「気づき」を土台（出発点）として，次の段階の「調べ学習」「実験」等に進んでいるのが大半である。

したがって，個々の子どもの「調べ」「実験」「発表」という重要な子どもの思考体制を受容するための大切な段階に，教師の先入観や思い込みによって，都合よく解釈し，受け止めている授業が日本の授業の99パーセントである。

本来の授業は，この子どもの「発表」という段階から，意見の対立や共有，共感，磨き合いというプロセスを経て「子どもの行動の変容」という本来の目標に向かって欲しいが，「発表」の段階で教師の受け止め方や，互いの子ども相互の磨きあいが不十分なため，結果として望ましい行動の変容が達成されていない。

4　教師の立ち位置の変化に対応していく

教師は授業の流れや運営に全面的な責任を担い，子どもへの「情報提供」を中心とした「人が一人前として覚えておくべき知識や知恵」を，将来を担う子どもに効率良く流し込むことにこそ教師としての専門性が問われた。しかし，今日，子どもたちに「これだけは習得して欲しい」という知識や知恵の総数は肥大化し，かつ，その知識や知恵の賞味期限がいつまでかも含め不確かな時代である。現代の教育を受けた子どもたちが，今は無いような職業に就くのが当たり前となっている時に，従来型の「知識伝達型」の授業のあり方は大きく議論と検討がなされるべきである。

近年AKBブームの火付け役ともされる秋元康氏のプロデューサーとしての役割がクローズアップされているが，我々教師も「知識伝達型」を主な授業タイプとするのは時代遅れと言って間違いなく，「プロデューサー的な立ち位置で教師が生み出す授業」の開拓こそが求められる。平成10年度の学習指導要領の改訂の際に多面的に議論された「学習者の学びの適切なサポート（きっかけや学び合いの環境づくり，相互での発表支援等）が重要と考える。

5　子どもの「気づき」「自立を支援する」メンターとしての教師

　子どもの学びの質を保証するという観点から，子どもの有用感や自尊心，自己肯定感を向上させる，いわば「メンターとしての教師」も今日の教師に備えて欲しい立ち位置である。子どもの学習活動において「気づき」の支援，安全面や子ども同士の人間関係づくりに力を注ぎ，子どもが授業空間に「安心して授業を受けることができる」「子ども自身の気づきを安心して吐露，表出できる」プロデューサーになって欲しい。そのためには子どもの言動に対して，受容を言語及び非言語で伝える「KR」のスキル（語彙や表情の豊富さ，役者としての教師，声色の使い分け，倍音，非倍音の使い分けができる等）が必要である。

6　子どもの思考を育てるマルチメディアの活用

　例えば，保護者の都合で幼少時に外国で暮らした生徒がバイリンガルであるように，現代のインターネットに代表されるマルチメディア時代を生き抜く子どもたちは，テレビ放送，映画，ゲーム等の種々の映像メディアから多くの情報を獲得しており，その情報獲得経験を通して誰にも習わずに「映像文法」を習得している。我々教育者は，この「映像文法」に合致したマルチメディア教材の制作から活用を図らないと，それこそ子どもたちに，標準語の中に突然，方言が混じっているような受け取り方をされ，本来の学習に没頭できなくなってしまう。教師は，こうしたことも含め，子どもの思考を育てるマルチメディアの活用を進めていく必要がある。

7　課題にチャレンジ

　授業や教育の方法は，時代の変化とともに変容している。それでも学習者は自身が社会の骨格を担うために，与えられた知識ではなく，自ら獲得する知識，自らの五感を駆使して問題解決をしていく方法を学校教育の中で培う必要がある。

　読書の皆さん自身が，生きた経験，温かい経験に基づいて，それを後輩に伝えようとすることが教育の原点であることは否定しないが，後輩が新しい環境に柔軟に対応できるような力量をつけてあげることが大切である。そうした意味で，とりあえず現代の情報収集のメインツールとなってきたパソコンやインターネットをとまどいながらも使用する経験，そして，教材として提供される人々や仲間のコメントとの遭遇と磨き合いを私流の「温かい経

験」として皆さんに提供し，それらに基づいて各自のレベル（納得ということも含めて）で課題をこなしていって欲しい。

多くの知見と遭遇することで，皆さん自身の人間性，教育観，子ども観，授業観，教材観を肥らせて欲しいというのが筆者の「願い」である。以下，学生に課した具体的な課題を紹介する。

課題1：自分にとって，印象に残っている「良い授業」について具体的に記述してください。
　説明：教える以前に，自分が生徒（学習者）の目線から良い授業を考えてみることは重要です。
　回答例1：高校の数学の授業なのですが，先生は毎回教科書を予習することを前提で授業していました。授業は挙手制で予習をしていないと立たされることもありましたが，受身の授業ではなく，一緒に授業をしているように感じました。
　回答例2：高校の数学の授業です。先生は「教科書は分かりにくいから」と，毎回プリントを作ってきていました。そしてプリントの余白に自己評価（1〜5までの点数）と質問や感想を書かせて提出させていました。
　　　　　数学で開かれた発問は難しいと思うのですが，先生は開かれた発問をしていました。ある程度のヒントを与えた後，「これからどんな式（答え）が出ると思う？」と，生徒に尋ね，生徒が答えを言うたびにKRをしていました。数学は苦手でしたが，自信がつき，数学の楽しさを教えてくれました。
　コメント：自分がこの指導方法で成長できたということはとても大切ですが，多くの場合，その成功経験，達成経験の枠に縛られてしまうことも少なくありません。他の人が良いと感じた授業を，教師の視線と学習者の視線の両方から吸収してみましょう。必ず得るものがあります。

課題2：あなたが，人（初心者）に教えることができるものを，運動・芸術系から一つ（ピアノ，スキー，テニス等），小・中・高校の教科の中から一つ（算数，数学，物理等），その他から一つを想定してください。それぞれ，相手に，何を教えますか？指導の時の留意点，指導の手順等を可能な限り具体的に記述してください。（3つの方法を記載することになります）
　説明：想定されるのは，自分が精通していること，好きなもの等ではないでしょうか。それを初任者（入門者）に教える時に何を意識するか，これが大切になります。
　ワンポイント：その他には「挨拶の重要性」「命の大切さ」等があります。

課題3：授業の設計で，授業の最後に（学習者にとって）「わかる」「わからない」のどちらの側面を目指しますか？ あくまでも一般的な場面設定で考えて，必要であれば，場面設定とあわせて考慮してください。

説明：教える時に導入等はいろいろ考えると思いますが，最終的にどのように持って行くのかも意識してみてください。

ワンポイント：当然ですが，絶対的な答えはありません。最後は「必ず○○する」と限定しないことが大切です。

課題4：「自分の生きてきた時間と空間と人間関係」について可能な範囲で具体的に論述してください。

説明：ある意味，自己の半生を振り返ることになりますが，そこに教師を志すことの原点があります。

ワンポイント：自分や周りの人々に，それぞれの人のかかわり，経験が人間形成につながるということを理解していただきたい。

課題5：＜図書・雑誌・Webページなどを参考にして「先人の生き方」に学ぶ＞というテーマに即して，皆さん自身が獲得している知識や知恵の情報源が両親や担任の先生ではない，先人，先達であること等を意識して記述してください。

説明：皆さん自身が獲得している知識や知恵を獲得したものの源（情報源）が両親とか担任の先生以外の，先人，先達であること等を理解していただきたい。

ワンポイント：私たちは，知識等を獲得すると，それらすべてを自分で身につけたかのように考え，その源への感謝を忘れがちになります。

課題6：＜私の「問いかけ，求め，表わし，活かす」ものは何か＞の論題で，この教育方法論で学んだことをベースに論述してください。

説明：ある意味，学習，自己実現を意識してほしいということを理解していただきたい。

ワンポイント：課題1から課題5を改めて通して考えていただけると再発見があると思います。

（平山　勉）

・細川和仁　「教師の授業実践能力に関する研究の意義と課題」大阪大学人間科学部教育学研究室編『大阪大学教育学年報』第5号 pp233-242，大阪大学人間科学部教育学研究室，2000
・小金井正巳・井上光洋　「教授モデルと授業を支配する要因」日本理科教育学会編『現代理科教育体系』第5巻，東洋館出版社，1979

第2章

理論編②

授業記録を通した教職課程履修生の力量形成の可能性
― ユビキタス映像記録視聴システム活用の実践を通して ―

1 「授業映像記録」活用の可能性

より精緻な授業記録の作成は，子どもの変容状況の継続的・総合的把握及び教授行動の検討などに必要である。ビデオカメラによって撮影された授業の記録（以下「映像記録」と呼称する）には，文字化された授業記録だけからは読みとれない授業者や子どもの表情，身ぶり等の非言語情報が含まれているので，授業過程をイメージ化するのに有効である。

近年，インターネットのブロードバンドの普及とその活用による情報収集と情報発信のコミュニケーションや映像配信の技術の向上は目覚ましい。また，携帯電話やiPodに代表される携帯用音楽プレーヤ（以下これらを携帯デバイスという）の高機能化，低価格化も著しい。

教師は，毎日の授業実践以外の仕事も多く，自己研鑽するのに時間的距離的等制約も多い。そこで，教師や教職課程履修生が携帯デバイスを通して授業映像記録を活用する授業研究の方法を模索している。

2 ユビキタス映像記録視聴システム

筆者らは，ネットワークと携帯デバイスを活用し，授業の記録を即時的に交流し，分析・考察を含めた成果を蓄積・配信できる映像記録の特性を生かした授業研究の方法を提唱している。そして，教職課程履修生及び初任者の授業実践能力の育成に資する授業実践能力育成支援システムの開発を目指している。その中核をなすユビキタス映像記録視聴システムの全体図を図1に示す。

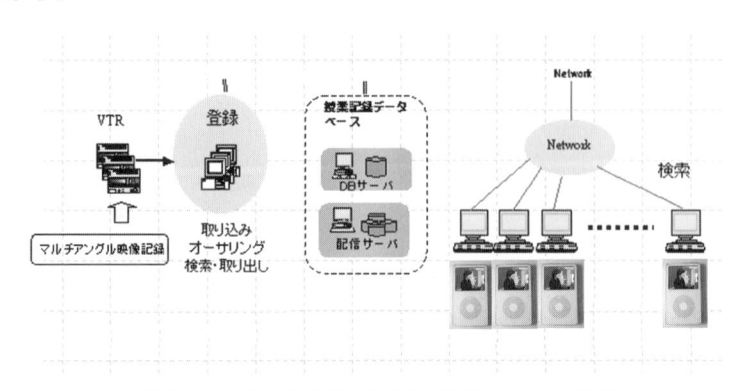

図1 ユビキタス映像記録視聴システム概要

ユビキタス（Ubiquitous）とは，「いつでも，どこでも，だれでも」恩恵を受けることができるインタフェース，環境，技術のことである。古くは，映画フィルムの頃から，教育の中で映像資料を活用する時には，再生専用の機器や教室が必要であった。それが，iPad等の携帯デバイスが普及する現代は，「いつでも，どこでも，だれでも」使用できる環境が整ってきている。

若い世代の多くは携帯デバイスを活用して音楽や音声，映像番組を携帯電話の通信機能，パソコンやインターネットを介して入手，保存し，視聴するスタイルが増えてきている。これらを映像授業記録に適用し，映像記録を「いつでも・どこでも」持ち歩き視聴可能とする「ユビキタス映像記録視聴システム」を開発してきた。

携帯デバイスに映像記録を転送・保存すれば，コンピュータやインターネット接続のない環境，たとえば通勤・通学時間や自習時間等にも映像による授業記録を視聴することが可能になる。これまでテレビモニタ，コンピュータ，インターネット等の利用可能な環境に限定されていた映像記録を見る機会が大幅に増えることになる。

ユビキタス映像記録視聴システムは，これまでのネットワーク配信を用いて利用しやすいシステムを構想してきた。これは，従来のビデオテープやDVDディスク等のパッケージで配布する方法に比べて，即時性，更新のしやすさという点で優れている。

3 授業映像記録を通した教師の力量形成

授業記録は「教師や子どもの発言や動きを，より事実に即して客観的に記述する」ことに重点が置かれてきた。しかし，授業過程のすべてを客観的に記述することは事実上不可能である。したがって，授業過程のどの観点や部分に着目し，記述するかということは，授業記録の分析を通して何を明らかにしていくかという，研究の目的及び視点と密接にかかわっている。これまで多くの授業研究は，教師と子どもの発言が核となるような話し合いの場面を主な研究対象としてきている。このような授業場面の映像記録では基本的に「発言者をフレーム内に入れる」ことを多くの撮影者が採用している。

一方，小学校低学年の「生活科」や「図画工作科」等は子どもの「見る」「探す」「育てる」等の子どもの具体的活動や体験及び自分の考えを「言葉」「絵」「動作」等で表現する学習活動が授業の中心である。そのため，子どもの非言語行動を含む学習活動を記述する方法が模索されている。そこで，これまで追究されてきた熟練教師のスキル等を獲得するための支援として，熟練教師や研究者の授業観察視点や授業過程にかかわるコメントを抽出・蓄積し，それらを活用することを通して教職課程履修生や初任者教師の授業実践能力の育成に資することができる，というのが筆者らの実験仮説である。

筆者らは授業実践の逐語記録を読むことを通して各自の頭の中で，実際の授業場面（教師，子ども等）を具体的に復元している。そうした授業の実際の復元のイメージアップにつながるのが授業映像記録である。したがって，授業実践能力育成に関して教師の意思決定，実際の間合や目線などを意識することを通して，自身の授業の設計及び実施につなげて授業映像記録の視聴と個々の読み取りを支えていくことが，教師としての実践的な力量を高めることにつながると考えている。

4　朝日栄里子教諭の教師としての成長に学ぶ

　朝日栄里子教諭は名城大学理工学部数学科出身で，卒業と同時に三重県中学校教諭として勤務された。彼女の夢は「算数・数学の楽しさを世界の子どもたちに伝えたい」「世界の教育を充実させることから貧困の連鎖を止めたい」ということである。

　朝日教諭はその夢の実現に向けて，かねてからの念願であった青年海外協力隊の一員として，2012年6月から24年度1次隊サバナケット理数科教師としてラオスに勤務し，現地の子どもの指導に加え，現地の教師を指導している。

　今回，朝日教諭がラオス渡航前の公開授業を配信用の模範授業として活用した事例を紹介する。

ア　システムの改良

　学生の特別授業の感想の集約及びiPadの操作等についての質問は，当初はメールを用い，その後はブログサイトへのコメントという形でやりとりを行うなどしてきた。2012年度は専用のサーバとCMSを導入し，運用する体制に切り替える作業を始めたが，これを止めFacebookのグループ機能を利用することとした。

　専用サーバや専用サイトは自由度が高い反面，学生から見た場合，一度コメントを書いてしまえば，それ以降そのサイトを訪問する動機が少なく，他の学生のコメントを読むことや自分への意見などを読む機会が少なくなるが，学生がよく利用するSNSであるFacebookを利用することにより，学生がFacebookを利用する度に他の学生のコメントや自分コメントへの意見を読む機会が増えるものと考えたからである。

イ　考察と今後の課題

写真2-1　朝日教諭の模範授業の様子

　現場で活躍しているOB教員の授業を模範授業として配信することがあったが，2011年度は三重県の朝日栄里子教諭が2012年2月18日に実施した授業を模範授業として配信し，その後，一般にも公開セミナーのプログラム中で朝日教諭を招き，当日再生刺激法を活用した授業の振り返りを行うことができた。

　参加した学生からは「特に朝日先生の授業のところで，こういう意図があったなどの詳しいお話が聞けたのがよかったです」「朝日先生のお話にあった授業についての考え方を聞いて，僕の持っていた教育についての知識の幅が広がりました。今後，参考にしたいと考えます」「朝日先生のお話では授業の中での考えや気配りがまるでそこにいるかのような気分で伝わって来て，授業についての，厳しさと楽しさを感じることができました」「朝日先生ご本人に解説していただきながら研究授業を見ることができ，さらに実際のプリントも見せていただけて，とても嬉しく思

いました」「朝日先生の授業では授業をする以前に挨拶や礼の仕方など日頃から気をつけていることから，授業中の様々な意図を解説していただき，とても参考になりました。僕も4月から妥協することなく，より生徒にわかりやすい授業をしていきたいと思いました」「朝日先輩は映像で拝見していたので実際にお会いでき，嬉しかったです。授業の解説では，授業の意図やねらいなども細かく説明してくださったので，すごく勉強になりました」等，個々の受講生の学びが表出している。

一連の研究プロジェクトを通して，以下の3点を教職課程履修生の授業実践能力の育成の可能性として指摘している。

- 個々の教職課程履修生の授業を自身の観点で視聴し，自分なりの授業の見方ができるようになる。
- 限定されたメンバーによる即時的な情報交換を可能にしたブログの活用をはかることで，仲間との情報交換及び使用方法を追求してきた。
- 自分たちの学びを，ユビキタス映像記録視聴システムを通して見つめ直し，教職に向けての姿勢を改めて考えることができた。

さらに本システムは，部分的な視聴，繰り返しての視聴が容易である。このような視聴方法は個に応じた視点を取り入れることにつながり，授業研究に新たな視点を取り入れる可能性がある。

具体的には授業映像記録から視覚を通して読み取ることのできる教授行動，教師の表情，学習者の様子等は，あくまでも授業過程全体の一断片にすぎない。加えて，個々の授業過程において授業者が実際に選択した教授行動の背景には，その授業の予定（願い，目標，学習者の捉え等）に照らして，その時点での比較（予定通り，予定以外の進行等）を踏まえ，予定通りの発問を行う，立ち止まる，追加の説明を行う等の複数の教授行動を考え，瞬時にその中から，実際の授業映像記録の教授行動が選択されている。筆者らの特別授業受講の教職課程履修生は実際の授業を構築していくことの教師の苦労や工夫を，この授業映像記録を一つの契機として学んでいく。

筆者らは授業者の授業後のコメントを参考に，授業映像記録を納得のいくまで再生を繰り返したり，指導案や授業の逐語記録等を自主的に読み深めたりする教職課程履修生が一人でも増えていくことを期待している。こうした試みを通して，履修当初は教師が想定した指導案通りに進行していくことのできる授業スキルに着目していた教職課程履修生が，授業映像記録のフレーム内の教師と学習者の行動や表情から読み取ることのできるのは，授業過程のごく一部で，実際の授業は種々の諸要因が複雑に絡み合っていることに気付き，授業の難しさ，奥の深さに触れていくようになっていくことが重要である。

したがって，教職課程履修生や初任者教師が自身の授業観，子ども観，教材観等をフル動員することで，授業映像記録をフレーム内から視聴不可能なフレームの外である実際の授業

場面，教師や子どもの息づかいをイメージできるような支援を目指していきたい。そうした授業を学ぶ反復，反芻作業を通して，授業映像記録を活用して教師としての力量を高めようとする教師を育てていくことに力を注ぎたい。

しかし，若手教員が他の教育実践家の映像記録に触れる機会を作り出すことに困難さがあることも見過ごすことができない。これは授業実践能力の育成が個人の責任であるというわけではなく教育委員会及び研究サークル等との連携でより効果的に行える可能性があると考えている。これに関しては筆者が愛知県総合教育センター大学共同研究委員として平成22年度から参画し本研究プロジェクトを愛知県の現職教育に適用を検討することが進展しており，2013年度は愛知県総合教育センターの研修校の授業に本システムを適用することで推進している。

筆者らは「授業映像記録を通して教師としての力量を高める」（http://www.jugyou.jp/）サイトを運用している。学校教員の志願者が授業実践に取り組んでいる教師及び研究者の「授業を見る視点」を，授業の映像記録を基に交流し共有することを通して，互いに教師としての力量を高めていくことを今後も支援していきたい。

一連の研究プロジェクトを経験した特別授業受講生が，各地（愛知，名古屋，岐阜，三重，山口，京都，長野，富山，神奈川等）に教諭として赴任している。今後は彼らの授業映像記録を本システムで配信することで，後輩である現役の教職課程履修生にとって授業実践能力を高める契機とするとともに，教職課程履修生の質問や意見等のやりとりを通して，卒業生の授業実践能力を進展させることにも継続発展させていきたい。

(平山　勉)

第2章は，「ユビキタス映像記録視聴システムを活用した授業の多元的記録・分析・構成方法」の研究プロジェクトとして，平山勉（名城大学）・後藤明史（名古屋大学）・竹内英人（名城大学）で推進している研究成果の一部である。「ユビキタス映像記録視聴システムを活用した教職課程履修生の授業実践能力育成支援の試み」で日本教育方法学会全国大会において継続して口頭発表を行っている。

第3章

実践編①

教科・道徳の授業づくりをどう進めるか

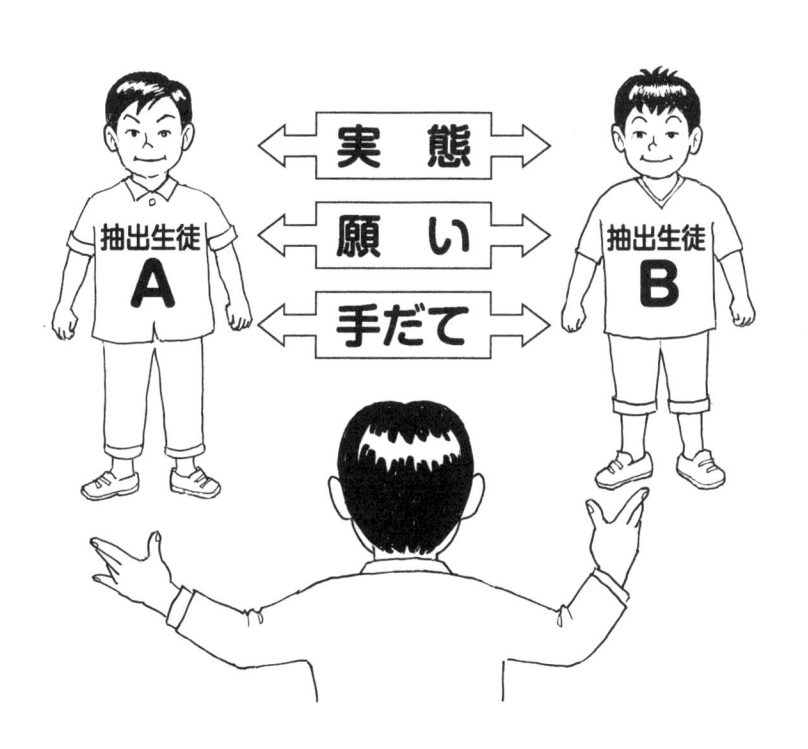

1　歴史的な見方や考え方を育む社会科授業
―第6学年　社会科　「天下統一に向けた豊臣秀吉の業績」を通して―

(1) 教材への思い

　刀狩と太閤検地の政策は，武士と百姓の区別を明確にし，兵農分離の社会をつくりあげ，全国統一に大きな役割を果たしたと考える。土地の耕作権を認めその土地に百姓を固定し武器を取り上げることで，一揆抑制だけではなく年貢の安定化を図った。本節で取り上げる授業は，豊臣秀吉の独自政策に注目し，刀狩や太閤検地が天下統一に向けてなぜ必要であったのかを，資料を活用し，読み取り活動を効果的に行うと，因果関係に基づく歴史的な見方や考え方を育てることができるという研究仮説のもと行った。

　本時は，天下統一に向けた諸政策を資料から調べ，豊臣秀吉の人物像への興味や関心を高めることから始めた。織田信長に仕え，その政策を引き継ぎながら独自の政策を行い天下統一を図ったことを押さえた上で，豊臣秀吉の政策を考える場面を設定した。

　小学校社会科の戦国時代の授業では，天下統一を目指した大名3人を取り上げている。この3武将は，児童にとって愛知県出身で郷土の偉人であり身近な存在である。3武将とも，平和で安心して暮らせる世の中をつくろうとした。ホトトギスの歌や天下餅の歌でもわかるが，この3人の性格・業績は三者三様ではある。その中で秀吉は足軽という武士としては一番低い身分でありながら，織田信長の信頼を得て，知恵と努力で数々の政策を成功させた。秀吉を取り上げることで，郷土と郷土に生きた偉人の生き方を知るきっかけとしたい。一人の人物が，その後の歴史に大きく影響していることが多い。このことからも，歴史学習をするにあたり，人物に焦点を当てて学習を進めていくことは，非常に有効である。

(2) 研究の仮説

　児童が主体的に調べるために，拡大絵図や現代語訳の資料の読み取りを積極的に取り入れていけば，戦国の世から武士による安定した政治が行われるようになった原因や背景について理解することができるであろう。

(3) 目指す子ども像

　授業を行うにあたり，目指す子ども像を次のように設定した。
ア　因果関係に基づいた歴史的な見方ができる子
イ　価値判断に基づき歴史的な考え方ができる子
・因果関係とは，事実と考えられる事象を関連付け，社会的事象を読み取ることと考える。
・価値判断とは，社会的事象がそこでどう変化したか決定する場面と考える。

(4) 手だて

目指す子ども像に迫るために，以下の2つの手だてにより授業改善を図った。

ア 資料や絵図を意欲的に調べ，適切に読み取るための工夫
(ア) 教師が拡大絵図を使用することで，児童に注目させたいところを明確化する。
(イ) 現代語訳の資料の準備をすることで，資料の読み取りを安易にする。

イ 習得した知識をまとめるための工夫
(ア) 中心人物の視点にたって授業のまとめを行い，児童の考えを深め広げていく。
(イ) 調べた業績について，キーワードを見つけさせていく。

この手だてについて，子どもの記録メモや授業記録から検証をしていく。

(5) 本時の指導

ア 目標
(ア) 秀吉の人物像をとらえ，刀狩や太閤検地と天下統一のかかわりについて考えたり，意見を発表したりすることができる。　　　　　　　　　　　（社会的な思考・判断・表現）
(イ) 天下統一の事業を引き継いだ秀吉が大名を従え，刀狩や太閤検地により武士による新しい支配体制が固められたことが理解できる。　　　　　　　　　　　　　　（知識・理解）

イ 教師の準備
肖像画・拡大年表・刀狩令（現代語訳）・拡大検地図・ワークシート

ウ 学習過程

資料3-1　学習過程

	学習活動	主な教師の発問（★）・留意点（・）
つかむ	1 本時の課題を把握する。（2分） 豊臣秀吉の肖像画や年表から大まかに把握させる。 2 本時のめあてを知る。（2分）	★豊臣秀吉について年表からわかることを発表しよう。 ・信長の政策との相違点に注目させることで，秀吉の政策に焦点をあてさせる。 ★天下統一に向けて，刀狩や太閤検地がなぜ必要だったか考えよう。
	豊臣秀吉はどのようにして天下統一をしたのか，考えよう。	
	3 秀吉が天下統一に向けて行った独自の政策を見つけよう。（5分）	・3武将の活躍年表から，秀吉の政策を他の武将と比較し，刀狩・太閤検地に気付かせる。

調べる・考える	4 刀狩や太閤検地について考えよう。【習得】（27分） (1) 刀狩とは何だろう。 ・百姓から武具を取り上げる ・武器使用を禁止 ・農業に専念 (2) 太閤検地とは何だろう。 ・土地のよしあし,面積,収穫高,土地の所有者,耕作権 (3) 天下統一に向けて重要だったことは何だろう。 ・武士と百姓の役割分担 ・反抗できない体制作り ・年貢が安定して入る仕組み	★刀狩でどんなことをしたのだろうか。 ・刀狩令の現代語訳から,誰に向けて出したものかを確認しながら刀狩の目的を読み取らせる。 ★この絵からわかることを発表しよう。 ・拡大絵図で注目すべき人物を抽出した資料を用意し,その人物の動きを読み取らせる。 ★刀狩と太閤検地を行ったことが全国統一することにどのような役割を果たしたのだろうか。 ・信長のころは一向一揆が絶えなかったことを想起させる。
	【評価①】 ・秀吉の人物像をとらえ,刀狩や太閤検地と天下統一とのかかわりについて考えたり,意見を発表したりすることができる。　　　（発言・ノートの記述から） （Cの児童に対する手だて）刀狩や検地の絵図から,武士と百姓の関係に気付かせながら,刀狩や太閤検地の目的を考えさせたい。	
まとめる	5　本時の学習のまとめ。 【活用】（7分）	★刀狩や太閤検地を全国各地で行ったことで,兵農分離を進め,安定した世の中をつくり,天下統一を達成した。今日は,この秀吉になりきり天下統一に向けての意気込み・行った政策を台詞にしよう。 ・○付け法を活用し,即時評価を行う。
	【評価②】 ・天下統一の事業を引き継いだ秀吉が,大名を従え,刀狩や太閤検地によって武士による新しい支配体制を固めていったことが理解できる。（ワークシートの記述から）（Cの児童に対する手だて）ノートから刀狩や検地についてのキーワードを見つけるように助言をする。	
	6　次時の学習を知る。 （1分）	★国内統一を果たした秀吉は,次にどんな行動を起こしたのか探っていこう。

第3章 実践編① 教科・道徳の授業づくりをどう進めるか

(6) 板書記録

本時1時間の授業板書は次の通りである。

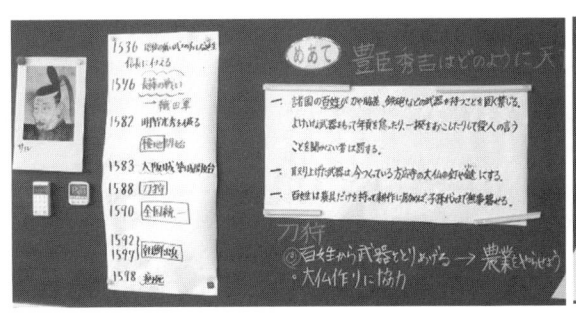

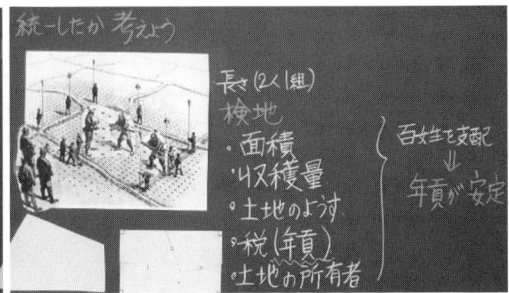

（検地図は徳島県松茂町歴史民族資料館による）

写真3-1　板書記録

(7) 授業記録

ア　つかむ段階

まず，黒板に掲示してある年表を読み取る活動から始めた。学級全体で一つの年表に集中することで，学習の雰囲気作りをした。

りゅうくん（S15）の「『刀狩』って何?」の発問に対し，「信長も行ったかな?」と，学級全体に切り返した。「ううん」「やってない」「信長は城下町をつくり，楽市・楽座の制度を作ったり，一向宗の勢力を倒したりした」など，前時までの学習を思い出しながら，政策の違いに児童は視点を向け始めた。

導入段階であるので，ここでの発問に対しては，挙手はさせずに，一人ひとりのつぶやきを拾い，テンポよく進めた。そして，「違う政策を行ったから天下統一を達成したのではないかな」という児童の予想をもとに，本時のめあてを立てて学習を進めた。

資料3-2　授業記録①

> T9：豊臣秀吉について，年表からわかることを発表しましょう。
> S10（ゆう）：尾張で生まれた。
> S11（てる）：刀狩を行ったとあるよ。
> S12（あや）：信長を追い込み，明智光秀を倒した人物。
> S13（てる）：検地を全国で行った。
> S14（なお）：大坂城をつくった。
> S15（りゅう）：先生，「刀狩」って何? どんなことをやったの?
> T16：信長も行ったかな?
> S17（ゆう）：やってない。違う政策を行ったから天下統一を達成したのではないかな。

イ　調べる・考える段階

刀狩で押さえたいことは，次の3つ（①百姓の武器所有を禁止した　②百姓の反抗を防ぐ　③兵農分離をねらっている）と考え，刀狩の目的を資料から読み取らせた。秀吉が刀狩で何を目指したのか，明確につかめるように発問をした。

資料3-3　授業記録②

T20：刀狩は信長は行っていないね。秀吉が行った刀狩を資料から読み取ってみよう。
　　　（刀狩令の現代語訳を提示，児童と一緒に読み，難しい語句には説明を入れる）
T21：この命令は誰に出されたものですか。（この刀狩令を守るべき身分を確認させる）
S22（ありさ）：農民。
T23：資料に忠実に，もう一度言ってみて。
S24（ありさ）：百姓って書いてあった。
T25：この刀狩令は，どんな目的でだされたのかな。（刀狩のねらいにせまる）
S26（ゆう）：百姓が刀や鉄砲などの武器を持つことを禁止している。
S27（とも）：役人の言うことをきかなくてはいけない。
S28（まこ）：役人って誰のことだろう。農民の中から選ばれた人かなあ。
　　　（ここで刀狩の絵図を提示し，絵図の中に立っている役人の脇差に注目させる）
S29（なお）：先生が指している人は，刀を持っているから，農民じゃないかもしれない。
S30（しゅう）：農民に命令しているようで，支配している感じがする。
S31（こう）：（刀を差し出す農民とそれを見ている役人を指し）身分の差がありそう。
S32（みさき）：すごい怖い感じだから，絶対にある。（うん，あるよね〜）（絶対にある）

　刀狩令の目的について「天下統一を目指すため」という発言があった。児童たちは「大仏を造るより，武器を取り上げることや命令に従わせるほうが大切」と刀狩の目的を位置付けた。刀狩令を通読した後，刀狩の様子を表す絵図を児童に提示することで，絵図を見る視点が明確となった。授業のまとめで，児童は以下のように書いている。

資料3-4　児童のまとめ記録

・刀狩で身分をはっきり区別することをねらい，百姓を支配される立場にした。そして，反抗させないよう武器を取り上げ，農業に専念させた。これが私のねらいじゃ。
・信長から引き継ぎ，天下統一に向け，一揆を防ぎ年貢を安定させ，武士が百姓を支配する社会づくりをしたぞ。

　次に，太閤検地について探った。信長の時代にも行われていたことを踏まえながら，秀吉は①全国的に行ったこと②測量技術が高度であったことにも目を向けさせ，年貢を取り立てていく基盤となったことに迫っていきたいと考えた。

資料3-5　授業記録③

T45：この絵は何をしているところかな。絵から気付いたこと・思ったことはあるかな。
S46（りゅう）：田んぼがたくさんある。でもいろいろな形がある。
S47（とも）：何かを調べているよ。（長さだ，長さ）

第3章　実践編①　教科・道徳の授業づくりをどう進めるか

> T48：どうして長さを調べているの。長さを調べるって？
> S49（だいき）：面積だ！
> T50：なるほど，面積かあ。面積を求める公式があったね。
> S51（なほ）：長さを調べると計算できるよ。
> S52（なお）：そうそう。縦×横で計算するんだったよね。
> T53：この絵には，長さを測っている人はいるのかな。
> S54（ゆう）：ものさしを持って測っている人がいるよ。
> T55：どこかな。（この時，ゆうの意見を広めるために違う子に指示をする）
> S56（りょう）：（黒板の拡大絵図を使い，さしながら）ここで測っている。こんな感じ。（測量を動作化）（座って見ている児童：そんな感じ，きっとそう）
> T57：このものさしは，いろいろな種類があるのかな。
> 　　　（ここから，統一した基準で測量していることに迫った）

図3-1　検地図

　まず，「絵図からの気付き・思ったこと」をノートに箇条書きで書き出させることとした。児童は，絵図の雰囲気や，そこに描かれている人物の動きから読み取ることができた。測量の様子から「でも，田んぼはちゃんとした形じゃないよ」という発言があった。「ちゃんとした形って」と問うと，「長方形とか正方形とかっていう形」「ただの四角形だと2つの三角形に分けて面積を求めたよ」など，算数で学習したことを振り返りながら発言を繰り返した。「どうやって面積を測っているんだろう」という疑問が児童からわいてきた。資料をしっかり読み取っていく中で，疑問がわいてきたようだ。

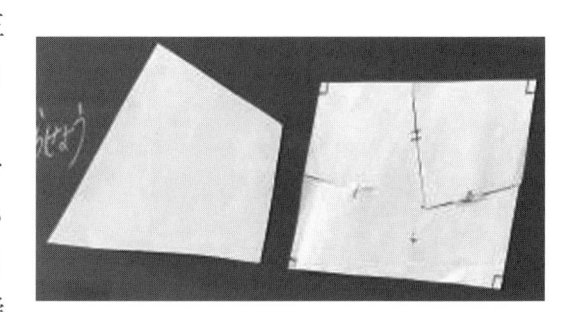

写真3-2　測量技術の正確性を証明

　そこで，面積の測量方法を画用紙を使って考えさせた。（写真3-2）
　画用紙を切り，それを長方形に並べ変えた。「すご～い」「長方形になった」と教室中に声があがった。実際に児童の前でやることで，より測量技術の正確性が伝わった。

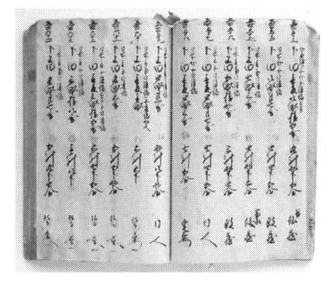

写真3-3　検地帳

　次に，なぜ正確に測量しなくてはいけないのかを考えさせていくこととした。児童の考えの手だてとして「検地帳の拡大図」（写真3-3）を提示した。この検地帳から，①土地のよしあし，②面積，③収穫高，④耕作者の名前が記入されていることに気付かせていくことにした。書かれている内容を児童と一緒に確認していく中で，「どうして，正確に面積を求めなくてはいけなかったのだろう」と問いを出した。「実

際より広かったら大変」「収穫高のもとになる」「正確に測量しないと不公平になる」など，検地帳の読み取りで得た知識をもとに，意見を出し合った。

　この読み取りを通して，年貢を確実に徴収する土台をつくったことに迫った。また，耕作者が記入されている意義にも触れた。「ここに土地の所有者が書いてあったね。どうしてかな」「年貢をその人に納めさせるため」とまず，支配する立場で発言があった。「納めなかったとき取り立てるから」「罰を与えるとき必要」など，農民にとっての利点から考えることはできず，「土地の所有を認めているってことだよ。農民にとってよいことでもあった」と説明した。

ウ　刀狩と太閤検地の位置付け

　授業の終盤，「刀狩と検地を行ったことが，全国統一することにどのような役割を果たしたのか，自分の言葉でまとめてみよう」と投げかけ，ノートにまとめ順に発表させた。

資料３-６　児童のまとめ

・百姓から，まず武器を取り上げて秀吉に対しての反乱を防いだ。そして，年貢を納めさせる仕組みを整えていったことが，統一するのによかったのだと思う。なぜなら，年貢が入ってくれば，お金が安定するから。

・信長は商人を集め城下町をつくり，農民には農業をさせた。さらに秀吉はその考えを引き継ぎ土地の所有権も認め，農業に専念させ，支配する仕組みを整えることができた。

エ　まとめの段階

　発表後，本時のまとめに入った。ここで，秀吉になりきって「天下統一に向けての意気込み・行った政策」をセリフ化させた。刀狩・検地の目的を押さえるために，ワークシートに書き込ませている最中，○付け法で児童のワークシートを即時評価し，基本的知識となるキーワードやキーセンテンスにアンダーラインを引きそこに○を付けた。この時，他の児童にも学級の仲間がどんな内容を書いているのか「見える化」するために，「なるほど，○○○は重要だね」など声がけを繰り返した。これは，書くことが苦手な児童にとって「公開ヒント」になり，似たことを書いている児童には安心材料となっている。

写真３-４　ワークシートに書き込む児童

(8) 授業を振り返って ―手だての検証―

ア 意欲的に調べる・資料や絵図を適切に読み取るための工夫

今回の授業は，資料を多用し，資料からの「児童の気付き・疑問」を大切にしながら進めていった。資料の数が多くて，慌ただしくなった面もあるが，児童はどの資料も初めて見るものばかりで，非常に新鮮で食い入るように見ていた。そして，黒板に拡大絵図を提示することで，一つの資料に全員が目を向けることができ，クラスの児童全員で協力しながら読み取ることができた。拡大絵図を使用すると，注目すべき人物の動作が大きく提示でき印象的なものとなり，絵図からその当時の雰囲気・様子を詳しく読み取ることができたと思う。

また，現代語訳の資料を活用したことで語句の意味がわかりやすくなり，児童の学習に対する意欲が高まったと思う。

イ 習得した知識をまとめるための工夫

社会の授業において，基本的な知識の定着なしに歴史的な見方や考え方を育むことはできないと思う。そこで，1時間の授業の最後で「人物なりきりまとめ」をしている。中心人物の立場や視点でまとめる中で，政策の成果やその後の歴史への影響を考え書き記すことができるようになった。

(9) まとめ

授業全体を通して，「なぜ」という疑問があったので，児童は主体的に考えていくことができたと思う。刀狩と太閤検地で百姓に与えた影響を考えることで，秀吉の政策の意義をつかむことができた。また，身分の扱いや年貢の形態について話し合ったり，資料から読み取ったりすることで，刀狩と太閤検地の政策の意義を深めることができたと思う。

この後に学習した江戸幕府の仕組みの時にも，秀吉が行った政策が大きく影響を与えているとまとめている児童もいた。断片的な知識の習得になりがちな社会科にならないように，これからも「なぜ，そうしたのか」という因果関係に基づく歴史的な見方や「この後，どんな影響を与えたのか」という価値判断に基づく歴史的な考えを育てていける教材開発をしていきたい。

(津島市立蛭間小学校　植田真夕子)

平山勉のワンポイントアドバイス

私が植田先生の授業を参観させてもらった時に感じたことは，一人一人の児童の発言を大切にしようとする先生の姿勢です。今回の社会科の実践の中でも，そうした植田先生の「願い」が凝縮されています。歴史の授業は「史実」を正確に教えることに重きが置かれがちですが，先生の児童の発言をしっかり受け止められた，授業づくりの広がりや可能性を学んでいきましょう。大学院でさらなる研鑽を積まれている植田先生の授業実践が楽しみです。

2 未来をたくましく生き抜くための思考力，判断力，表現力の育成
―中学校第３学年　数学科での個人追究と伝え合いの学習を通して―

(1) はじめに

　2011年３月に起こった東日本大震災，そして長引く経済不況。これらを見ていると，生徒を取り巻く自然環境も，人間社会も，いつどうなってしまうのか誰にも予想がつかない。

　このような状況下では，義務教育においても，変動し続ける社会と向き合い，様々な場面で，これまでの知識や体験を基に考え，その時点での最善の判断を下し，表現したり行動したりする力を身に付けさせることがとても重要であると切実に感じる。

　本学級の生徒の実態を見たとき，身に付けるべき知識や技能を習得している生徒は多くいるが，次のような問題点があると考えられる。

> ▼1…少し難しい問題や予習していないような問題に直面したとき，自らの経験や既習事項と関連させ，粘り強く考え，判断する生徒が少ない。
> ▼2…自分の考えを他の人に論理的に説明する力が弱い。
> ▼3…学習内容と日常生活とをつなげてとらえることを苦手とする。

　以上の問題点を克服するために，本学級の生徒たちの「思考力，判断力，表現力」を高めたいと考えた。それが課題解決能力の向上につながり，未来をたくましく生き抜く生徒の育成につながると考えた。

　思考力，判断力，表現力を育む手だてとして，「主体的に課題解決を図る場の意図的な設定」「生徒が追究したくなるような課題，発問の工夫」という２つを軸にした。ここでは，「思考力，判断力，表現力」を下記のようにとらえている。

> 「思考力，判断力，表現力」を区別せず，ひとまとまりとしてとらえる
> 　○直面した課題の意味をつかみ，自分の考えをもつ力
> 　○習得した知識・技能，考え方，経験を活用して，考える力
> 　○お互いの考えを伝え合うことで，考えを深めたり，修正したりする力

(2) 思考力，判断力，表現力を高めるために

ア　主体的に課題解決を図る場を意図的に設定する

(ア)　まずは「個人追究」する活動を取り入れる

　「３組の辺の合同条件では証明できそうにない。２組の辺とその間の角で考えてみよう」などと，問題を解くにあたって，試行錯誤することは重要である。答えが与えられることを待つのではなく，まずはその子なりに既習事項や日常生活と関連させ，数学的な表現や根拠を示しながら個人追究をさせたい。

(イ) 互いの考えを「伝え合う」活動を取り入れる

　個人追究した内容は，独りよがりのものである。自分の考えを他者に説明し，他者の考えを聞くことを通して，自分の考えに自信をもったり，新たな考えに気付いたり，自分の考えを修正したりすることができる場面を意図的に設定する。主に，前後左右の座席にいるクラスメイトとのペア活動を取り入れた。

イ　生徒が追究したくなるように，課題や発問を工夫する

(ア) 既習事項をもとにして，数や図形の性質を見出す課題，発展させる課題を設定する

　「x^2+5x+6 を因数分解しなさい」という問題を解くには，足し算や掛け算，文字式の計算，乗法公式などの既習事項の積み重ねが必要不可欠である。

　「$y=ax$ における表の読み取り方を使って，x と y の関係について，見つけたことを書こう」というように，常に既習事項との関連を意識した課題提示や，比較や分類，気付きを促す発問を行う。また，積み重ねた学習内容を単元終末などにおいて，より進んだ数学の学習に活用する実践を取り入れる。

(イ) 日常生活や社会生活と数学を関連付ける課題を設定する

　日常生活や社会生活の中で，数学が利用されていることを発見するような活動や，数学と生活が関連している問題を取り入れる。

　学習した数学の内容を，身近な生活の事象から見つけたとき，自ら追究する意欲が増し，学習内容の理解にもつながると考える。

(3) 抽出生徒「生徒A」と「生徒B」について

　▼1～▼3は，前頁で挙げた学級の問題点と抽出生徒の実態が関連する点である。

資料3-7　抽出生徒A，Bの前時までの姿，及び本単元で期待する姿

	生徒A	生徒B
前時までの姿	数学を得意科目にしている。教科書巻末の「数学広場」などに，自主的に取り組む様子も見られる。中学校の学習内容については，途中式を上手に省略して，解答できてしまうことが多い。 ▼2…自分の思考過程を，他者に論理的に説明することになると，どこか自信なさげである。本人は理解しているが，断片的な説明になりやすい。	数学を苦手としている。質問して，問題を解決しようとする姿勢は見られる。 ▼1…授業で問題を解く際，手がつけられずに白紙解答になることもある。毎時間行う補助教材の点検では，赤色でびっしりと解答が書き込んであることも少なくない。 ▼2…自分の考えをもてないことが多く，説明することに慣れていない。理由については「何となく」などと根拠を示せない。 ▼3…日常生活と数学が関連すると，より難しく考える傾向が見られる。

期待する姿	▼2…自分の思考・判断の過程を，他者に論理的に説明する「表現力」を身に付けさせたい。また，その準備として，自分の思考・判断の過程をていねいにノートに書かせたい。	▼1…まずは，間違っても良いから，自分の考えをノートに書かせたい。そのために，自分の思考・判断の過程をノートに書かせる時間をきちんと確保したい。 ▼2…自分の考えを書かせ，安心して自分の考えを伝えられるようにしたい。また，ペア活動を通して，考えるきっかけをもたせたい。 ▼3…身の回りの数学を見つけるような，気軽な質問には答えられるようにしたい。

(4) 「関数 $y = ax^2$」実践の概要

ア 単元構想

中学校3年数学科「関数 $y = ax^2$」（全14時間完了）を事例にして，思考力，判断力，表現力を高める授業実践について述べていく。身の回りの事象には，様々な関数が存在する。その多くは生徒にとって未知なる関数である。

しかし，そのような関数に出会っても，それまでに学んだ比例，反比例，一次関数を振り返り，表・式・グラフをもとに x と y の対応表，グラフの特徴などを調べることを通して，関数関係を見出し，表現し，考察する力を一層伸ばすことができるようにしたい。

資料3-8 「関数 $y = ax^2$」の単元計画

単元名	関数 $y=ax^2$		配当時	14時間
単元の目標	(1) 具体的な事象の中で，関数 $y=ax^2$ としてとらえられる2つの数量の変化や対応を表現したり，考察したりしようとする。 (2) 具体的な事象の中から，式，表，グラフを用いて，関数 $y=ax^2$ の関係にある事象を見つけることができる。 (3) 関数 $y=ax^2$ について，変化の様式を式，表，グラフに表すことができる。 (4) 関数 $y=ax^2$ のグラフの特徴や変化の割合の意味を理解することができる。			

関数 $y=ax^2$
第1時　関数 $y=ax^2$ の関係にある具体的な事象について考え，単元の学習課題をつかむ。

> これまでに学んだ比例，反比例，一次関数とは異なる，増え方が一定でない関数について調べよう。

第2～3時　$y=ax^2$ で表される関数関係を表・式に表し，その特徴をつかむ。

関数 $y=ax^2$ のグラフ
第4時　　x に対応する y の値を求めた表から，関数 $y=ax^2$ のグラフをかく。
第5時　　2つの関数 $y=x^2$ と $y=ax^2$（$a>0$）のグラフをかき，その関係を調べる。
第6時　　関数 $y=ax^2$（$a<0$）のグラフをかき，その特徴について考える。
第7時　　関数 $y=ax^2$ の特徴をまとめ，定数 a の値が異なる場合のグラフを読み取る。

関数 $y=ax^2$ の値の変化
第8時　　関数 $y=ax^2$ で，y の値の増減について調べる。関数 $y=ax^2$ で，x の変域に制限のある場合の y の値の増減について調べる。
第9～10時　一次関数と比較し，関数 $y=ax^2$ の変化の様子を調べ，変化の割合を求める。
第11時　　身の回りにある変化の割合の例としての平均の速さを考える。
第12時　　平均の速さの時間の間隔を限りなく小さくしていくことで，瞬間の速さを求める。

学習のまとめ
第13～14時　関数 $y=ax^2$ に関する問題を解き，学習のまとめをする。

イ　実践の概要

(ア)　第1時「ボールを転がす実験で，時間と距離にはどんな関係があるのだろう」

第1時では，まず，これまでに学習した3つの関数，比例，反比例，一次関数の復習から始めた。以下は，全体で用語と一般式を確認後，「それぞれの関数関係について，身近な例を挙げて説明しよう」と発問した。生徒Aは，「1個200円のリンゴの個数と合計代金。比例，$y=200x$」，「30個のリンゴを分けるときの人数と，一人あたりの個数。反比例，$y=30/x$」などと，買い物の視点から，それぞれの関数について的確にまとめた。生徒Bは，考えを書くことができなかったが，ペア活動を通して，「1冊100円のノートの数と代金の合計。比例，$y=100x$」などと，前の座席の生徒Dの考えを自分のノートに書く様子が見られた。これらの考えをもとに，3つの関数の表・式・グラフについて振り返った。

続いて，斜面でボールを転がす実験を行い，その様子を0.1秒ごとに写した写真を見せた。ボールが転がり始めてからの時間をx秒，その間に転がる距離をymとし，表と，xとyの値の組を座標とする点をグラフ用紙に書かせた。そして，「ボールを転がす実験は，これまでに学んだ関数とどこが違うか」と発問したときのA・Bの記述である。

資料3-9　生徒A，Bのノート

生徒A	生徒B
・グラフが直線ではない。 ・表から，加速している。 ・xを2倍，3倍すると，yは4倍，9倍になる。	・グラフにすると，0から斜めに上がるが，直線にならない。 ・先生がやった実験でも，机が緩やかなときより，急なときの方がスピードがついた。

A，Bともに，既習事項を踏まえて，記述している。Bは，実験に興味をもち，自分なりの言葉で記述することができた。最後に，「日常生活と関連していることを見つけよう」と発問すると，Aは「ジェットコースター。車の加速。物を落とす」，Bは「家の2階からボールを落とす」と記述した。

数学と日常生活とを関連させることは，これまでの授業でも取り組んできており，生徒は思い思いに考えを出し合う。この後，落下時間は質量の影響を受けないこと。ただし，それは空気抵抗などと関係すること。水面での衝撃の違いなど，物理と関連する雑談へと続いていった。ここではA，Bの発言はなかった。

(イ)　第2～3時「関数$y=ax^2$の表・式にはどんな特徴があるだろうか？」

第2時では，前時のボールが転がる写真を見せ，表にx^2の値を書き入れさせた。その後，「x^2とyにはどのような関係があるか見つけよう」と発問すると，Aは「$x^2 \times 5 = y$。x^2を4倍，9倍すると，yは4倍，9倍になり，比例している」，Bは「5倍になる。xを4倍，9倍…」と記述した。Aの後ろの座席の生徒Cは，Aを頼りにしている。本時のペア活動では，表を縦，横の二通りの見方があることを知り，「さすがA」とつぶやいてい

た。Bは，左隣の生徒Dと話をする中で，表の横の見方を教えてもらい，ペア活動後は，「比例」と追加して書いていた。

(ウ) **第4〜6時「関数 $y=ax^2$ のグラフにはどんな特徴があるだろうか？」**

第4時では，$y=ax^2$ のグラフの概形がどうなるか。第5〜6時では，他に比例定数がどんな値の場合があるかを考えて，他のグラフを考えていこうとする思考の流れをつくるようにした。

「$y=x^2$ の表と，この表をもとにしてグラフ上にとった点から気付いたことは何だろう？」という発問に，Aは「曲線になっている。y 軸で折ると重なる」，Bは「V字のように，上に開いている」と記述した。「$y=2x^2$ の表をもとにして，$y=2x^2$ のグラフをかき，$y=x^2$ と比較して，どんなことに気付くか」という発問に，Aは「$y=2x^2$ の方が急なカーブになっている。開き方が狭い。どちらも放物線」，Bは「$y=2x^2$ の方がスマート。Oで必ず一緒になる。交わる」と記述した。「関数 $y=-x^2$ のグラフをかき，$y=x^2$ と比較して，どんなことに気付くか」という発問には，生徒Aは「$y=-x^2$ は下に開いている。x 軸で対称」，Bは「$y=-x^2$ は下に開いている。物を投げたような形になっている」と記述した。ペア活動では，Aは後ろの席のCに対して，ていねいに説明する姿が見られた。Bは「グラフを半分に割って折るとぴったり重なる」という意見に納得し，ノートにメモする姿が見られた。

(エ) **第7時「関数 $y=ax^2$ のグラフの特徴をイメージして，解決しよう」**

第7時では，まず，これまでに学んだ $y=ax^2$ のグラフの特徴をまとめた。続いて，右の問題を解き，説明し合う活動を取り入れた。Aの記述は，「a が正だと上に開く」，「a の絶対値が大きくなるほど，グラフは細長い」というような，a との関係がやや不十分である。

資料3-11　グラフの特徴を説明する問題

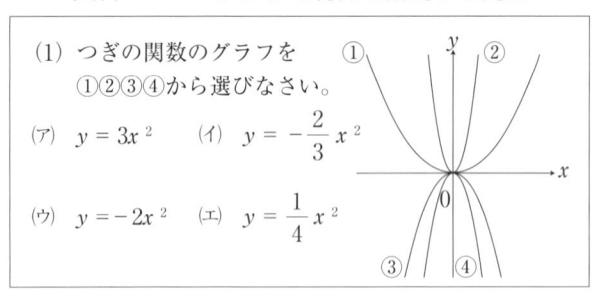

(1) つぎの関数のグラフを①②③④から選びなさい。
(ア) $y=3x^2$　　(イ) $y=-\dfrac{2}{3}x^2$
(ウ) $y=-2x^2$　(エ) $y=\dfrac{1}{4}x^2$

資料3-12　生徒A，Bのノート

生徒A	生徒B
・(ア)②上に開いていて，カーブが急 ・(イ)③下に開いていて，カーブが緩やか ・(ウ)④下に開いていて，カーブが急 ・(エ)①上に開いていて，カーブが緩やか	・(ア)は＋だから上開きで，(エ)の1/4より小さいから② ・(イ)は－で下向き。(ウ)より何となく広いと思ったから③ ・(ウ)は下。(イ)より小さいから④ ・(エ)は＋で，(ア)より広いから①

しかし、ペア活動では、「3の方が1/4より大きいから…」というように、絶対値の大小についても説明しており、ペアのCも理解していた。Bは、自分の考えをしっかり書くことができた。しかし、絶対値の大小については、理解が曖昧なことが記述からうかがえる。ペアのDから「1/4より大きいから②になるんじゃない？」と指摘され、納得している様子が見られた。

(オ) 第8～10時「$y=2x^2$ と $y=3x+1$ の変化の割合を比べて、違いを見つけよう」

第8時では、$y=ax^2$ の値の増減の様子、さらには、x の変域に制限がある場合の y の変域について、グラフをもとに調べる学習を行った。第9～10時では、一次関数の変化の様子や変化の割合について復習し、それをもとに、$y=ax^2$ の変化の様子や変化の割合について考える思考の流れをつくるようにした。「$y=2x^2$ と $y=3x+1$ の変化の割合を比較して、どんなことに気付くか」という発問に対しての、AとBの記述である。

Aの「変化の割合みたい」を全体で取り上げると、「a は比例定数であり、一次関数のように、変化の割合とは一致しない」という意見が他の生徒から出て、理解が深まった。Bは、2つの関数を比べながら記述ができていた。指名され、発言したときに、「何の数字が一緒なの？」と切り返すと、数学用語を使って補足することができた。

資料3-13　生徒A，Bのノート

生徒A	生徒B
・一次関数の変化の割合が一定だけど、$y=ax^2$ では、変化の割合は一定ではない。 ・$y \div x^2$ の値が一定で、変化の割合みたい。	・一次関数は、（x の増加量、y の増加量、変化の割合の）数字が一緒だけど、$y=ax^2$ ではバラバラになっている。 ・$y=ax^2$ では、y の値は、だんだん小さくなって、だんだん大きくなる。

(カ) 第11時「平均の速さを求めよう」

第11時は、平均の速さを求めることで、変化の割合を振り返り、とらえ直す学習である。平均の速さの意味を考えさせるために、日常生活を想起させる「A駅とB駅の間69.3kmを60分で走る電車がある。このことから、どんなことが分かるか？」という発問を行った。Aは「平均時速69.3km。加速と減速がある。グラフをかくと直線にならない」、Bは「AB間は長い。普通列車ではない」と記述した。

資料3-14　第11時の授業記録

> H 5 ：時速69.3kmになります。
> T 6 ：似たような考えの人は？
> I 7 ：1kmちょっとを1分ぐらいで走ると思いました。
> J 8 ：分速だと，1155mです。
> K 9 ：平均の時速が69.3kmになります。
> T10：なるほど。平均ね。似たような考えの人は？（挙手少）。L，説明して。
> L11：平均になるのは，動き始めと，走っているときの速さが違うからです。
> F12：進んだ距離を，かかった時間で割ると，平均の速さが出ます。
> T13：なるほど。生徒Aはどう？
> A14：加速と減速がある。グラフをかくと直線にならないと思います。
> T15：今の3人の説明で納得した人？（挙手多）

　Bのような記述は多く，「ここから69.3km進むとどの辺なの？」「普通列車ってどれくらいの速さなの？」と問い返すと，答えに困る生徒は多い。速さは，数字と実感や経験が結びついていないことが多いので，より具体的に話をする必要がある。生徒Lは，決して数学の得意な生徒ではないが，速さが刻々と変化する電車をイメージして，上手に説明することができた。Aは，教員の発問意図を見透かしたような解答である。指名に対しては，自分の考えを追加して発表することができた。

(キ)　第12時「2秒後の瞬間の速さを求めよう」

　第12時は，平均の速さの時間の間隔を限りなく小さくしていき，瞬間の速さを求める発展的な学習であり，内容としては，高校数学の微分である。まず，よくジェットコースターの出口で販売される写真を見せ，日常生活における「瞬間の速さ」について想起させた。最大瞬間風速，電車の最高速度，野球の球速。Aは「お皿を落としたとき，地面に着くときの速さ」，Bは「家の2階からボールを落とすときの速さ」と書き，本単元の第1時とのつながりが見られた。その後，以下の問題を提示した。

資料3-15　第12時の問題

> 　斜面にボールを転がす実験をしました。ボールが斜面を転がり始めてからの時間をx秒，その間に転がる距離をymとすると，xとyには$y=x^2$という関係がありました。ボールが転がり始めてからちょうど2秒後の瞬間の速さは何m/秒か，求めよう。

　「2秒後と3秒後の瞬間の速さはどちらが速いか，根拠を明らかにして説明しよう」という発問には，Aは「3秒後。加速しているから」，Bは「秒が長くなるたびに，ボールは速くなるから」と記述した。次に，「2秒後の瞬間の速さを求める方法を，平均の速さを求める方法を利用して説明しよう」と発問した。Aは「2秒後と3秒後と少し時間が経ったところをとって，平均の速さを求める」と記述した。「2秒後に近いところの平均の速さを求めよう」という問題に対して，Aは資料3-16のように，xの変域を2から2.1，2.00001と狭

めていき，それぞれの平均の速さを求めながら，「間が少ないほど4に近くなる」と記述した。全体の前でも，論理的に説明し，3分の2近くの生徒の納得を得ることができた。クラスのムードメーカーの生徒からは「そんな方法よく思いつくな」と言われ，得意げであった。授業後の感想には，「秒間を細かくすればするほど，正確になることが分かった」と記述した。Bには，この課題は難しかったようである。ペアでも解決の糸口はつかめなかった。その後も，資料3-16のように，黒板にある他の考えを写すのみであった。「2秒後に近いところって，どこからどこまで」という発問にも，2秒後～2.1秒後と記入はしたが，そこから進まなかった。授業後の感想に，「難しかった。計算もややこしかった」とあるように，考え方，計算の難しさから，思考が停止してしまったと考えられる。

資料3-16　生徒A，Bのノート

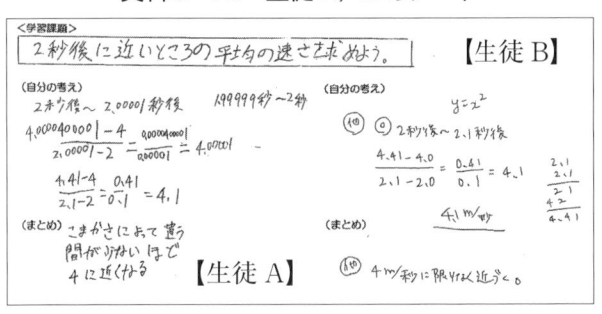

　第13～14時は，$y = ax^2$ に関するいろいろな問題を解いた。

(5) 実践を振り返って

　生徒Bは，第1時導入での3つの関数の復習，第12時での発展的学習以外では，ノートが白紙になることはなく，あきらめずに食らいついて自分の考えを書く姿が見られた。また，第1時の「直線にならない」，第4～6時の「V字になっている。$y = 2x^2$ の方がスマート。物を投げたような形」，第7時の「(ア)は+だから上開きで…」など，グラフを大まかにとらえる力は備えていることが分かった。これらのことから，Bにとっては，答えを待ち，写すだけの受け身的な学習ではなく，毎時間，間違えながらも自分の考えを書くことを通して，まず，自分で解決しようとする習慣が身に付いてきたと思われる。加えて「どこが違うか」「関連を見つけよう」「比較してどんなことに気付くか」「日常生活との関連を見つけよう」などの発問が，Bにとっては答えやすかったのではないかとも思われる。

　ペア活動では，生徒Bは，気軽に後ろや横の生徒に質問したり，確認し合ったりして，よりよく解決しようと取り組む姿が印象的であった。第2時で，表の横の見方に納得する姿。第4～6時で，グラフの概形について，自信をもって自分の考えを伝える姿。第7時で，絶対値の大小について指摘され，考えを修正する姿。第9時で，教師の問い返しに対して，数学用語を使って説明し直す姿などから，Bにとって，ペア活動が有効であることがうかがえた。

　生徒Aは，学級内では，その学力で一目置かれる存在である。一方，以前，学活で行った構成的グループエンカウンターの学習の振り返りで，「もっとその頭脳を私たちに役立て

てほしい」と言われる一幕があった。本実践での，第2時における，ペアのCの「さすがA」というつぶやき。第4～6時でのCにていねいに説明する姿。第7時では，相手の質問に対して，絶対値の大小を補足しながら説明する様子。第12時で，微分の発想での説明に対して，周りの生徒が「そんな方法よく思いつくな」とつぶやいたときのうれしそうな様子や「Aに聞けば分かりやすい」というペアのCのつぶやきからも，自分の考えを自分だけのものにせず，相手に合わせて分かりやすく伝えることの良さに気付いたのではないだろうか。

　また，右の写真にもあるが，前後左右の座席でのペア活動の良さは，雑談感覚で有効な話し合いができることと，時間がかからないことであることが分かった。ただし，気軽に話し合える人間関係づくり，本当の雑談にならないようにするための授業規律や課題の工夫など，教師の学級経営が土台であることは忘れてはいけない。

　本実践の課題としては，問題の難しさによって，どれだけ個人追究の時間を確保しても，考える上での手がかりがつかめず，自分の考えを書くことができなかったことが挙げられる。ノートに戻り，課題解決に必要な既習事項を確認させる時間を設定してから，個人追究させるなどの工夫が必要かと思われる。

（東浦町立石浜西小学校　和田英也）

写真3-5　ペア活動の様子

平山勉のワンポイントアドバイス

　数学は積み上げ教科の代表で，算数の時は好きだったが，数学になると難しくてついていけない，公式を覚えるのが苦手といった生徒も少なくありません。こうした「数学離れ」の対応も含め，「算数・数学」の授業づくりは多くの課題があります。

　和田実践から，生徒の日常生活と授業づくりをどのようにつなげていくか，授業において，ペア活動等の学び合いの場面を組み込んでいく方法を学んでいきしょう。ペア学習を通して生徒相互のKRのスキルが向上することや，相手に教えることで生徒が自分の学びを再確認できること等，多くのことが向上していきます。生徒にとっても，保護者や教師に上からの目線でアドバイスされることより，同僚からのアドバイスは受け取りやすいということもあります。

3 互いに考えを深め，高め合う理科授業
―話し合い活動の場面を設定した中学校の実践を通して―

(1) はじめに

　良い授業には，生徒たちが意欲的に活動している，自分の考えや思いを発表したり表現したりしている学びの姿がある。さらに，それらの活動においては，集団の中での話し合い活動を通して，互いに考えを高め合うことができている。

　このような授業を実践するためには，手だてが必要である。そこで，習得・活用・探究という学習形態がある中で，ねらいとする姿が現れるようにするための手だてとして，既習事項，経験などから，新しいことを生み出そうとする活用・探究型の授業の中に，話し合い活動の場面を設定することにした。このことにより，今まで学んだ知識を活用しなければ解決していけないような課題に挑戦したり，いろいろな技能を使って1つの表現をしたりするような学習の展開が考えられ，思考力，判断力，表現力，問題解決能力といった学力の伸長をねらうことができる。

　授業での話し合い活動を行う場面とは，課題をつかむ場面，考えを深める場面である。課題をつかむ場面では，自分の授業のめあてを，自分の言葉で説明できるようにすることが必要になる。自分自身が学習の主体者となることで，新しい課題に挑戦したり，表現したりしようとする姿をねらうことができる。考えを深める場面では，問題解決をしていくことそのものの場面や，一連の問題解決について，他の人に紹介したり，発表したりする場面である。そして，これら2つの場面では，話し合い活動によって，自分の問題解決の妥当性，客観性を確認し，自分自身をさらに高めていこうとする姿やお互いを高め合おうとする姿をねらうことができる。1時間の授業や単元全体の中に，これらの話し合い活動の場面を位置づけることで，生徒の生き生きとした姿がある授業が具現化できる。

(2) 話し合い活動の重視

　理科教育においては，「基礎・基本の確実な定着を図る中で，目的意識をもって，多面的な視点で広く情報を収集すること，物事を的確にとらえて適切な方法を見つけ判断すること，多様な価値観を生かして問題を解決していくこと」が重要とされている。学習をすすめるにあたって，「考察を苦手とし課題をまとめたり発展させたりする力が不十分な生徒が多い」という実態をふまえ，話し合い活動を重視する。これはいろいろな資質や能力をもった生徒たちが自分自身の意見をまとめていくためである。また，話し合い活動を通して積極的に発表したり，仲間の意見を聞いたりすることにより，考え方の幅が広がり，深めていくことができるようになる。そして，問題解決能力が向上していくと考える。

(3) 抽出生徒について

　授業のねらいに即して抽出生徒を設定する。学習過程の場面設定と話し合い活動において，抽出生徒それぞれの「実態・願い・手だて」を事前に把握する。そして，学習過程の中に，抽出生徒たちの想起される発表，活動，考え方や手だての方法などを表しておく。抽出生徒たちの学習に取り組む姿から，全体の活動の傾向を概括的にとらえるようにする。

(4) 授業実践例

　中学2年生理科「電流と磁界」の単元の授業実践例を紹介する。

ア　単元の目標
　(ｱ)　磁石・電流・コイルの相互作用で引き起こす現象に興味をもち，磁界の変化と電流の流れとの関係を探ろうとする。
　(ｲ)　磁気の概念や電流と磁界との相互作用，電磁誘導の変化の規則性を見いだす。
　(ｳ)　磁界の様子，磁界の中を流れる電流や力，コイルと磁石の相互運動を，電流や磁界の向き，磁界の強さ，磁力の大きさと関連付けて調べることができる。
　(ｴ)　磁石や電流による磁界の発生，磁界から電流が受ける力の関係，電磁誘導の概念や原理・法則を理解し説明することができる。

イ　単元構想にあたって

　本単元は，「電流のはたらき」として，地域の教育カリキュラムでは8時間構成になっている。次頁に示した単元構想（6時間）の前に，電気器具の能力を表す電力についての学習が2時間設定されている。これは，日常生活で利用している様々な電気器具に着目し，その能力の表し方や求め方を知ったのち，内部のつくりへと学習をつなげていくためである。

　しかし，今回の計画では，その電力の学習内容を本単元のあとに設定するようにしている。それは，前単元の「電流と電圧」の学習において発展的に電力の概念に触れていること，また，現在の生徒たちの様子から，内容（本単元では磁界に着目）を絞って学習を進める方が理解度が高いこと，さらに，興味関心を引き出す観察・実験を行い，その過程を進めていくことで原理や法則に気付かせたり考察させたりしていきたいと考えたからである。そして，そのことにより，電力の学習において，電気器具の性質をより身近にとらえられるとともに，生徒たちが苦手とする計算による値の求め方も理解しやすくなるのではないかと考える。

写真3-6　互いの考えを発表

第3章　実践編①　教科・道徳の授業づくりをどう進めるか

　今回の単元構想では，第1時に小学校での既習内容を取り入れている。小学校3年生では，「磁石に引きつけられる物体があること，磁石をつけると金属が磁石に変化すること，磁石の異極は引き合い，同極はしりぞけ合うこと」を学習している。また，小学校6年生では，「電磁石の性質やはたらきについて，電流の向きが変わると極も変わること，コイルに流れる電流を強くしたり巻き数を多くしたりすると，電磁石の力が強くなること」を学習している。小学校での既習内容が生かされるようにしていくことも大切であると考え，復習を兼ねながら本単元の基本であり，かつ重要な「磁界の向き」をとらえさせていくようにする。

　次に，電流との関係につなげていくための電磁石を取り上げ，電流と磁界の関係，磁界と電流の相互作用による力の発生から原理や規則性を考えさせていく。さらに，その規則性から，モーターの仕組みを話し合い活動を通して説明できるようにさせる。そして，単元の学習のまとめとして，発電機のしくみと日常生活での利用，第1時で一度取り上げた地磁気の発展学習（地磁気による発電）として行っていくように構想した。（資料3-17）

資料3-17　「電流と磁界」の単元構想　※○数字は時間数を示す

＜単元の課題＞電流と磁界の関係を調べ，その法則性により，モーターや発電機のしくみを説明しよう。

①磁石がつくる磁界を調べよう。
　　　　　　　　　　　　（本時）
　○磁石のまわりの磁界を観察し，磁力線や磁界の向き，磁界の強さについて知る。
　　・磁力線…なめらかにつないだ線
　　・磁界の向き…磁針のN極が指す向き
　○磁界の性質や地磁気の存在に気付くことができる。
課題をつかみ，言葉で表現する

↓

②電流のまわりの磁界を調べよう。
　○導線・コイルのまわりの磁界
　　・電流の向きと磁界の向きとの間の規則性
③磁界の中の電流が受ける力の向きを調べよう。
　○磁界の中を流れる電流は力を受けることを見いだす。
　○力の向きは，電流や磁界の向きに関係していることに気付く。
取り組む課題や内容に挑戦する

↓

④モーターのしくみを説明することができる。
　○フレミングの左手の法則
⑤磁界の中で導線を動かすと電流が発生するかを調べる。
　○電磁誘導の現象
問題解決に向けて話し合う

↓

⑥発電機のしくみを説明することができる。
　○磁石とコイルで発生する電流
　○モーターに力を加えて回転させたときの発電
　○地磁気による発電
考えを深め，話し合い，高め合う

↑（①へ戻る）

ウ 本時の学習指導
 (ア) 学級の実態と抽出生徒

　本学級は，静かな雰囲気で授業を受けることができる学級である。しかし，それは，自ら進んで問題に取り組もうとしたり，積極的に発言したりする意欲には欠けているということでもある。そのため，「観察，実験結果の考察」よりも「教師のまとめ」を最優先してしまう受動的な面が見られる。結果的に，観察，実験に対する考察や発展的な考えが深まらないままに学習が終了してしまい，理解が不十分なため単元の目標に到達できないのである。そこで，自分の考えをワークシートに記入したり，「発展的な課題」を追究する段階で，グループで話し合いをして答えを導き出したりする授業形態をとる。仲間の意見を聞く中で，自分の考えを深めたり積極的に発表したりして，問題解決能力を向上させた。

資料3-18 「抽出生徒の実態・願い・手だて」

	実　態 願　い	手　だ　て
抽出生徒A	・学習意欲が高く，自己の意見を積極的に発表することができる。 ・観察・実験時のリーダーとなる。 ・他の意見を聞かせたり，まとめさせたりしながら，幅広い考え方ができるようにさせたい。	・「発展的な課題」の話し合い活動において，司会を任せる。自分だけでなく，班員の様々な意見を聞きながら，答えを導き出させる。
抽出生徒B	・学習内容は理解するのであるが，予想や考察を記入したり，発表したりすることを苦手としている。 ・自信をもって問題解決に取り組ませ，考えをまとめ，発表できるようにさせたい。	・「結果の予想」の段階で，ワークシートの記入に，積極的に取り組めるよう支援する。 ・話し合い活動のとき，自分の意見が発表できるように支援する。
抽出生徒C	・観察・実験に意欲的に取り組むが，考察したりまとめたりすることを苦手とする。 ・基本的な内容の理解を積み重ねながら，知識の定着を図らせていきたい。	・「発展的な課題」の話し合い活動において，他の意見を聞きながら，自分の考えがもてるように支援する。

 (イ) 目標
　○磁石のまわりの磁界を観察し，磁力線を作成したり，磁界の向きを調べたりすることができる。
　○磁界の性質や地磁気（地球がもつ磁気や磁場）の存在に気付くことができる。

(ウ) 授業の視点

本授業では，問題把握の段階で，磁石の強さを利用した演示実験を行い，興味関心を高めさせる。また，その中には小学校での既習実験も取り上げ，基本事項の復習を行う。そして，実験・結果をもとに本時の学習のまとめを行った後，「発展的な課題」として問題解決に挑戦させていく。このときは，各班にホワイトボードを配付し，話し合い活動をすすめながら問題解決していくようにさせる。

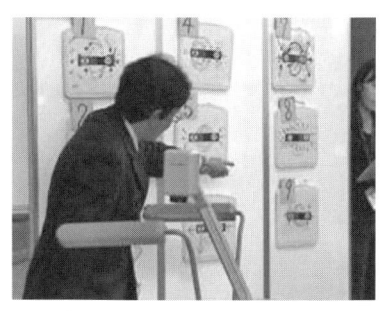

写真3-7 ホワイトボードを活用して

(エ) 学習過程

資料3-19 学習指導案

段階	学習活動	時間	指導上の留意事項
課題把握	1 磁石の現象から学習課題をつかむ。 (1) 強力磁石を使った実験 　○ネオジウム磁石の磁力 　○磁石の性質 　生徒A ネオジウム磁石は知っているぞ。 　生徒C すごいな。強力な磁石があるんだな。 (2) 磁石の性質を確認する。 　○離れてはたらく力 　○引き合う極，退け合う極 2 本時の学習課題をつかむ。 　○事前アンケートの結果を聞く。 　棒磁石のまわりの空間には，どのような力がはたらいているか。	12	○磁石のはたらきに気付かせ，学習に対しての興味関心を高めさせる。 ○磁力がはたらく空間があることに気付かせる。 　生徒A 幅広い知識から考えさせ，挙手をすれば発表させる。 　生徒C 不思議に思う気持ちを学習意欲につなげさせていく。 ○小学校のときの実験や学習内容を発表させる。電磁石については次時に取り上げていくことを伝える。 ＜高め合いⅠ＞ ○事前アンケートに記入された疑問点を取り上げ，司会の生徒を中心に話し合いを行い，学習課題へとつなげていく。 ○磁力がはたらく空間を磁界ということを説明する。
見通し	3 実験の結果を予想する。 (1) 棒磁石のまわりの磁界の様子 (2) 磁界の向き 　生徒A 見たことあるぞ。N極からS極の向きかな。 　生徒B 鉄がくっつくから，まわりから磁石の向きかな。		○予想をワークシートに記入させる。 ○小学校で既習している場合も考えられるので，話し合いの様子を観察しながら，適宜，助言をしていく。 　生徒B ワークシートに記入する際に支援をして，自分の考えに自信をもたせる。

課題追究	4　実験の方法の確認と準備をする。 　(1)　鉄粉のまき方 　(2)　実験の準備	20	○実験器具を使いながら，鉄粉のまき方と磁界の模様の作り方をOHCで説明する。
課題追究	5　実験をする。 　(1)　棒磁石のまわりの磁界の様子 　　○鉄粉の模様 　(2)　磁界の向き 　　○方位磁針のN極が指す向き 　生徒A　磁力はどうして発生するのかな。 　生徒C　磁界の向きは，棒磁石のN極からなんだな。	30	○ワークシートに模様のスケッチをさせる。 ○一旦，実験をとめて，磁界の向きの調べ方をOHCで説明する。 ○磁界の向きは，矢印で記入させる。 　生徒C　班員が行う方法を見させ，磁界の向きを調べさせる。 評　班内で協力して実験をすすめることができる。　　　　　　　（行動の観察）
相互評価	6　実験の結果とまとめをする。 　○班ごとに実験の結果を発表し，まとめる。 　○磁界の模様 　　磁力線…なめらかな線 　○磁界の向き 　　N極からS極	38	＜高め合いⅡ＞ ○班の話し合いをもとに，結果をボードに書かせ，全体でまとめる。 ○磁界は立体的に存在していることを，立体磁界装置で示す。 評　磁石のまわりの磁界の様子と向きが説明できる。 　　　　　（発表，ワークシートの記録）
相互評価	7　「発展的な課題」に挑戦し，班で答えを導き出す。 　(1)　棒磁石を半分にすると磁石はどうなるか。 　(2)　棒磁石の真ん中の位置に，クリップを近づけると，クリップはどうなるか。 　(3)　方位指針がどこでも南北を示すのはどうしてか。	48	○司会の生徒を中心に話し合いを行い，答えをホワイトボードに記入させる。 ○実験を提示し，磁極や磁界の様子を考えさせる。 　生徒A　司会として，班員の意見をまとめさせる。 　生徒B　自分の意見を自信をもって発表させる。 　生徒C　班員の意見の中から，自分の意見を決めさせる。 評　磁界の性質や地磁気に気付くことができる。　　　　　　　　　　（発表）
発展	8　次時の学習課題を知る。 　○電磁石の磁界の向き 　　・導線　・コイル	50	○磁界の向きと，電流の向きの両方を考えていくことを伝える。

第3章 実践編① 教科・道徳の授業づくりをどう進めるか

(オ) **本時の評価規準**
○磁界の様子から，磁力線と磁界の向き，地磁気（地球がもつ磁気や磁場）について説明することができる。（発表の内容，ワークシートの点検）
○発展的な課題に対し，自らの考えをもとに，まとめたり発表したりして，磁界の性質や地磁気の存在に気付くことができる。（発表の内容，行動の観察）

(5) **成果と課題**

授業の振り返りは大切である。授業力を向上させる近道の一つは，日々の授業記録をとること（板書を写真撮影，授業をビデオ録画）である。反省をもとに改善を加えていくことが，自信とともに大きな力になっていくと考える。本時の実践には研究協議会が設定されていた。よく行われる協議会は，「授業者の反省→感想意見交換→まとめ」であるが，この流れでは深まりのない協議会になってしまうことが多い。そこで，本時は授業前に「事前研究協議会」

写真3-8　意見を出し合い，高め合う

を設定し，授業者からの授業（指導案）のねらいと観点，抽出生徒の追跡についての確認と意見交換を行った。このことによって，研究授業のときから，授業観点に着目しながら，生徒の活動や発言，教師の発問などを重視して参観や記録をとることができるようになった。本時の授業の観点は以下の通りである。

(ア) **課題定義の仕方について**
・「学習課題をつかむ」とはどういうことなのか。どんな方法がよいのか。

(イ) **相互評価の仕方について**
・問題解決能力の向上を目指すには，どういう手だてが考えられるか。

(ウ) **抽出生徒**
・「願い」を達成するための「手だて」（支援）はどうだったか。

授業では，生徒たちが実験結果からそれぞれ考え方をもつことができていた。特に，話し合い活動が深まっていたグループは，疑問点をどんどん出し合いながら互いの考え方を発展させていくことができた。しかし，課題もいくつかある。以下の内容が今後の課題である。
・仮説の善し悪しを，結果からフィードバックさせていく方法がある。生徒たちの気付きから促していきたい。

・課題把握での話し合いから個々に考えをもたせていくが，このときの各グループの司会進行は難しい。話し合いは，全ての教科において共通した方法をとり，そして1年生時から継続して行わせていくと生徒たちに力がついていく。
・問題解決学習は生徒たちが自力で学習することができるように，実験の手順をしっかりと教え込むことが大切である。自由に発想するときとそうでないときとの区別が必要である。

(6) おわりに

　良い授業とは，生徒たちにとって，体験活動ができる，自分の考えや思いを発表したり，表現したりすることができる授業を言う。今回の実践はその姿を目指して取り組んだものであるがまだまだ改善点は多い。研究実践を積み重ね，さらにより良い授業をつくりあげていかなければならない。
　毎日の授業は，生徒たちにとって一生に1回の授業なのだから。

(東海市立教員研修センター　吉川達人)

平山勉のワンポイントアドバイス

　前節の数学と同様，「理科」の授業づくりにとっても，生徒の「理科離れ」に私たち教師は対応していかなればいけません。多くの子どもにとって，理科の「実験」で体験できることをいかに個々の学びに発展させていくかに教師の指導性が問われます。吉川実践では，そのための工夫を学ぶことができます。
　初任者の頃は先輩教師からの助言を受けたりして，授業設計や教材研究，生徒とのコミュニケーション等，授業の改善を心がけている教師がほとんどです。その後，教師生活に慣れてきて公務分掌もいくつか任され，事務の仕事や学校行事，部活動指導等，授業以外に多くの労力を割かざるを得なくなり，日々の授業の改善に向けての労力をかけられなくなってくる教師が少なくありません。そうした中で，吉川先生のように，一回一回の授業を大切にして，ビデオ授業記録で振り返る姿勢を見習っていきましょう。

4 価値を教える授業から価値観を育む道徳授業へ

(1) 学習指導要領で求められる「道徳の時間」の基礎・基本

ア 「道徳の時間」で育むべき力とは

　道徳の時間で生徒たちにどのような力をつけさせていけばよいのか。その土台となるものが学習指導要領である。それによると、道徳の時間とは、

　(ア) 全教育活動における道徳教育を補充，深化，統合する時間
　(イ) 「授業のねらい」と自分とのかかわりを考え，自己を見つめる時間
　(ウ) 道徳的価値の自覚及び人間としての生き方についての考えを深める時間
　(エ) 道徳的心情，判断力，実践意欲・態度を含む「行為を支える心の力」としての道徳的実践力を育む時間

　これら(ア)～(エ)の力を育成するために、「道徳的価値」とそれに基づいた「人間としての生き方」についての自覚を深めることが必要であり、それらを自分のこととして受け止めさせることが重要である。そのために、次の3観点での内容も押さえなければならない。

　・道徳的価値は大切であること（価値理解）
　・道徳的価値は大切であるが実現は難しいこと（人間理解）
　・道徳的価値には多様な感じ方，考え方があること（他者理解）

　道徳的価値を自分とのかかわりで考え、主体的に価値の自覚を深められる指導過程を盛り込むことが、学習指導要領で求められている道徳の授業である。

イ 言語活動の充実と道徳の時間

　言語活動の充実が求められている学習指導要領では、道徳の時間においてもその重要性が示されている。「人間として生きる意味」についての話し合いを深め、自分とは異なる価値観から学び合い、自己の道徳的価値観を変化・成長させていくためには、言葉を媒介にした表現活動の充実が欠かせない。語り合うために自分の考えを言葉にし、受け止めてくれる人に表現していくことは、自分自身の考えをより深めていくことにつながる。自分とは異なった道徳的価値観をもった人の考えを聞き、「自分の価値観はどうなんだろう」と見つめ直していくことは、自己理解にもつながる。自分自身と向き合い、考えを深めていくことは道徳的価値の自覚を深めていく上で必須条件である。また、「こういう価値観をもった人もいるんだ」という事実にふれることで他者理解も深められる。本音で語り合うことにより、価値実現の難しさ（人間理解）も深められる。このように、道徳の時間において言語活動を充実させることは、生徒の道徳的価値観を豊かに育む多くの要素を生み出していくことにつながるといえよう。

ウ 「道徳的価値」と「道徳的価値観」

　そもそも「道徳的価値」と「道徳的価値観」は異なるものである。道徳的価値とは，人間がよりよく生きていくための道徳に関する内容項目のことである。「親切にする心」や「正直な心」などがそれである。一方，「道徳的価値観」とは，そのような価値にかかわる一人一人の見方，感じ方，考え方のことである。それは一人一人の心に内在しているものであり，個性的なものである。例えば「親切にすることのよさ」について，各自の受け止め方や感じ方は違う。それをより研ぎ澄まし，自己の生き方として内面化していくときに，行為を支える内面的資質である道徳的実践力が養われていく。道徳的実践力とは，道徳的諸価値が一人一人の内面において統合されたものであり，その統合の仕方は一人一人違う。よって，生き方としての道徳的価値観を自分の内面において統合させていくことが道徳の時間における学びであり，できあがった個人の考えを一方的に押しつけることは，その目的ではない。道徳の時間を説教の時間にしてはならないということがよく言われる。道徳の時間は，教師（大人）の解釈をたどらせるのがその趣旨ではなく，生徒に「生き方としての解釈（道徳的価値観）を学びとして生み出す」時間なのである。「道徳的価値を教える」という発想の指導過程から，「道徳的価値観を育む」という指導過程を目指していかなければならない。

エ　読み物資料を活用した授業が基本

　道徳の時間は級友とともに考え合うことを通して，自分とは違うものの見方に出会い，自分の判断力を高めていく時間でなければならない。分かっているつもりのことが，級友の意見を聞いて「はっ」としたり，「なるほど」と思ったりして，自分の道徳的価値観を高めたり深めていく時間でもある。そのためには，読み物資料の活用を中心に据えた道徳の時間が基本となる。読み物資料の利点としては，次の3点が考えられる。

　(ア)　考えさせたい箇所で生徒に立ち止まらせ，じっくり考えさせることができる。また，何度も振り返らせることが可能である。

　(イ)　各場面の様子や登場人物の心を想像することで考える力を養える。

　(ウ)　読み物資料なら資料を読むのにそれほど時間を要せず，語り合う時間が確保しやすい。

　ただし，道徳の時間は国語の時間とねらいが大きく異なるため，主人公の心情を問い続けるだけのアプローチとは別の発想も必要になる。読み物資料を道徳授業で生かすために生徒自身の生き方や考え方を，主

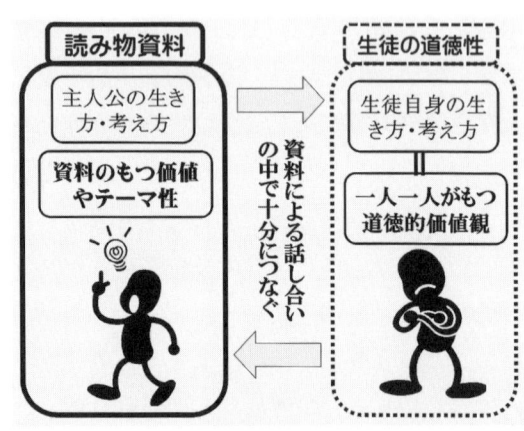

資料3-20　資料を活用し，道徳的学びを生み出す

人公の生き方や資料のもつ価値やテーマ性とかかわりをもたせ，学びの場をつくることが重要である。そうすることで，資料を通して生徒が自己の生き方と向き合い，考え，自分のもっていた道徳的価値観を新たな視点や考え方で見つめ直すことができる。

(2) 「道徳の授業」を創る

ア　生徒の考えを多様に引き出し，思考を深めていく指導過程

　的確な中心発問を用意し「互いの意見を吟味する話し合い活動」を授業展開の中心に位置付ける。そうすることで，生徒が感じた考え方を基軸とした話し合いを生み出し，生徒自身の力で道徳的価値を追求していく授業展開を設定する。そのため ステップ1 〜 ステップ4 の内容を指導過程に組み込む。中心発問から自己の振り返り段階において，

　　 ステップ1 …多様に出た意見を生徒と共に整理し，
　　 ステップ2 …自分の感じ方・考え方に一番近い意見を選び，選んだ理由を発表することで自己の道徳的価値観を対象化させ，
　　 ステップ3 …整理した内容についての違いや共感に注目し，生徒同士で意見交換をしながら，道徳的価値の自覚をより深め，
　　 ステップ4 …生徒が導いた「授業のねらい」にかかわる言葉を生かして，自己の生き方・在り方を振り返らせる。

　この ステップ1 〜 ステップ4 までの学習展開を道徳授業に組み込むことで，生徒自ら道徳的価値を**内面的に自覚できる授業展開**が可能となる。

イ　対話を支える教師支援の工夫

　話し合いを深めていくための教師支援の工夫として，次のような心構えを道徳授業のルールとして設定することが重要である。

　　 話すことの心構え …自己に問う心構え，自分の内なる心と対話する心構えで言葉を発する。
　　 聴くことの心構え …自らの考えを問いただす覚悟で聴く。分かっているつもりのことが，さらに深く理解できるかもしれないという心構えで意見を聴く。発言している級友の言葉の奥にある思いを想像しながら聴く。

ウ　道徳の授業を行う意味を生徒に語る

　本気になって道徳の授業に取り組むと，2つのよいことがある。1つ目は，「**自分のよさ**」が見えてくることである。「人間として生きる意味」を自分に問いただしながら考えることで，**自己と対話し，自己を見つめる**ことにつながるのである。その結果，より人間らしく生きたいと願っている**自分の心の姿勢**に気付くことができる。2つ目は，「**他の人・周りの人々のよさ**」が見えてくることである。「人間として生きる意味」を問いただしながら周りの人々を見てみると，**周りの人々の人間的な面が，より明瞭に見えてくる**のである。その結

果，人間らしく生きたいと願っている**自分以外の人々の心の姿勢**に気付くことができる。これらを，道徳授業のオリエンテーションなどで教師が語っていく。

(3) 道徳指導案の実際

道徳指導案

ア　主題名　「父母を敬愛し，家族の絆を大切に思う心」【4－(6)家族愛】
イ　資料名　「三六五×十四回分のありがとう」：出典「自分を見つめる・1年（あかつき）」
ウ　本時のねらい
　　それぞれの手紙から二人がどのような関係であったかを考えることを通して，家族の深い絆を理解し，感謝の心で家族に応えようとする気持ちを高める。
エ　指導過程

資料3-21

段階	学習活動・発問と予想される生徒の反応	指導上の留意点
価値への方向付け	1　家族のイメージについて語り合う。 　あなたにとって家族を色で表すと何色でしょうか？その理由も発表しましょう。 ・オレンジ色。包み込んでくれるようなイメージがあるから。 ・黄色。笑いがたえなくて，楽しいイメージがあるから。	・家族についてのイメージを想起させ，価値への方向付けと資料への導入をする。
価値の追求把握	2　資料を読み，話し合う。 ① お母さんの手紙にはどんな気持ちが込められていると思いますか？ ・さえちゃん，ありがとう。お母さん，幸せだったよ。 ・さえちゃんのおかげでお母さんも力をもらい，がんばることができたよ。 ・これからはさえちゃんの思いとともにがんばっていくよ。 ② 佐江子さんはどんな思いを込めて手紙を書いたのだと思いますか？ ・お母さん，本当にありがとう。感謝の気持ちでいっぱいだよ。 ・お母さんとここまで一緒に歩んでこられて本当に幸せだったよ。 ・早く元気になって，またお母さんと一緒に暮らしたい。 ③ お母さんと佐江子さんの関係はどういうものだったと思いますか？ 　　　　　……ステップ1 ア：言葉で伝えなくても，お互いの気持ちが分かり合える関係。 イ：心の支え。心が安心して帰っていくことができる居場所のような関係。 ウ：どんなことがあってもお互いが信じ合っている関係。 エ：かけがえのない，あたたかいものを感じ合っている関係。 オ：お互いがいるから頑張れる。励まし合い，支え合って生きている関係。 カ：お互いのためならどんな苦労もいとわないという，心から大切にし合う関係。	・①②では，母子が互いに思いやっている心に共感させることで，家族の存在のありがたさに気付かせたい。 ・③では，母と子が互いに思い合っている姿を通して親子の関係が信頼や絆で結ばれていることに気付かせたい。

	③' ア〜カのうち自分の考えに一番近いのはどれですか？その理由も発表しましょう。 …… ステップ2 ア：二人は常に相手のことを考えていると思うから。 イ：自分を受け入れてくれる安心感を互いにもっていると思うから。 ウ：二人には強い絆があるように思うから。 エ：お互いの存在が何ものにもかえがたい大切な存在だから。 オ：互いに相手のことを思い合っていて，心がつながっていると感じるから。	・③'では，母子の関係を通して，家族の絆とはどのようなものかを考えさせたい。
	③" 級友の意見で，気づいたことや参考になったことはありますか？ …… ステップ3 ・私はイ。「家族に反発することもあるけれど，許してくれると信じているから安心して毎日過ごすことができる」はなるほどと思った。家族は自分にとって一番安心できる存在で，信じることができるものだと感じた。 ・私はオ。「家族は何があっても味方になってくれる」はなるほどと思った。信じてくれる家族がいるから，自分もがんばれるんだと思った。	・③"では，家族の存在というのは自分にとってどういう存在であるかということを考えさせたい。
自己の生き方の自覚	3 話し合ってきたことをもとに自分のこれまでの生活を振り返る。 …… ステップ4 みんなで話し合った「家族の絆」や「家族の愛情」について，身近で見たり体験したりしたことを発表しましょう。 ・病気で寝たきりになってしまった家族を，笑顔で支える家族の姿をテレビで見た。今日の授業のように「いてくれるだけでありがとう」という家族のすばらしさを改めて感じた。	・3では，生徒が見つけた「家族の絆」という言葉を生かし，まずは授業者から価値が実現されている例を示す。
まとめ	4 「心のノート」をもとに，教師の話でまとめる。 ・「心のノート」p.112〜115「家族だからこそ……」を読み，今日の授業で考えたことをまとめましょう。	・家族の温かさや，家族の絆のすばらしさに気付かせる。

オ　評価

　家族の深い絆を理解し，感謝の心で家族に応えようとする気持ちを高めることができる。

資料3-22　資料のあらすじとその活用法

　この資料は，3日後に心臓の手術を控えた作者・柳橋佐江子さんが，その母親につづった手紙です。生まれもって心臓に疾病のあった柳橋佐江子さんにとってそれは3回目の手術でした。手紙はまず「14年間，心臓病をもって生まれた私を育ててくれてありがとう」という母親への感謝の気持ちがつづられ，いままでのさまざまな思い出をふりかえりながら，私たち親子は「一心同体」だと言っています。そして，この手術が終わったら健康な体になれる，私はがんばると強い決意を表明します。そして「14年間，笑顔と根性で私を育ててくれて，本当にありがとう。今，三六五×十四回分の『ありがとう』を言いたい気分です。これからも，もうしばらくはお世話になるだろうけれどよろしくね。そのかわり，お母さんがおばあちゃんになったらたっぷりめんどう見るからね！手術，がんばろうね。佐江子」と締めくくられています。15時間に及ぶ大手術。佐江子さんは，とうとう力尽きてしまいました。母に対する感謝の言葉と，これからも一緒にがんばろうという言葉を残して，佐江子さんは帰らぬ人となりました。

　どちらかというと親との距離が遠くなるこの時期，この資料は親子の関係，在り方を考えるきっかけを与えます。心臓病の罹患という特殊な状況にあるとはいえ，14年間生きてきたこと，育ててくれたことへの率直な感謝が示された手紙に，生徒たちは親子の絆というものに思いを至らします。文部科学省発行「心のノート」には「居ることがあたりまえではない家族」という一節があります。ありふれた存在である家族について思いを至らす機会を，この資料は演出してくれます。

(4) 授業記録の実際（一部省略）

T1　「この，佐江ちゃんと，お母さん。この2人，(黒板にフラッシュカード掲示) どんな親子の関係があったんだろうか。発言できる人は立ってください」　……ステップ1

S2　「支え合ってきたと思います。人生のパートナー」

S3　「お互いに励まし合ってきた関係。誰にも断ち切ることができない関係」

S4　「お互いに感謝し合っている。思いやっている」

S5　「お互いに信頼していると思います」

S6　「何も言わなくても分かり合えてて，別々の場所にいても何か強いもので結ばれている関係」

T7　「【板書（ア～ケの価値項目を指して）】じゃあ，今出たいろんな意見の中から自分の考えや気持ちに一番近いものを1つ選んでください。そしてそれを選んだ理由を発表してください。この理由ね，聞いてて本当に深いんだ…。みんなの考えていることが」　……ステップ2

S8　「佐江子は，お母さんが近くにいてくれたから，なんか，2回も手術頑張れたんだと思うし，次，3回目も頑張ろうと思えたんだと思うし，お母さんは佐江子の存在自体が支えで，だから『一泊だけでもいいから行かせてやってくれ』とか普通の親ならやらなくてもいいことを，佐江子が喜ぶならと思ってできたのかなと思ったから〈ア〉を選びました」

T9　「あぁ，(うなずきながら) すごい，いいことが出たね。存在自体。【板書「存在自体が」】先生の心にも響きました。ありがとう。〈イ〉人生のパートナー。じゃあS10さん」

S10　「えっと，お母さんと佐江子は，えっと，他の子よりもいつも一緒にいて，お互いすごく分かり合っているから，いちばん一緒に人生の中でいた存在だと思ったから〈イ〉にしました」

S11　「あえて，支え合ってきたとか励まし合ったとか，はっきり何をしたのかを言うんじゃなくて，なんか，その，生きてたこと自体が，人生のパートナー同士だったっていうか，その，はっきり『何をした』とは分かんないけど，なんか，パートナーだったんだと思います」

T12　「はい。生きてたこと自体が。【板書「生きててくれた」】ありがとう。S13君」

S13　「つらいときも，楽しいときも，ずっと一緒にいたんで，『人生のパートナー』にしました」

T14　「うん。ありがとう。つらいときも……。【板書「つらいときも楽しいときも」】はい，ありがとう。

第3章 実践編① 教科・道徳の授業づくりをどう進めるか

じゃあ〈ウ〉選んでくれた人。理由言える人いますか。じゃあS15さん」
S15 「あの佐江子さんの手紙にもあったように，えっと，お母さんに365×14回分の『ありがとう』を伝えたかったし，お母さんも，今まで育ててきて，あの，生まれてきてくれたことも改めて伝えて，励まし合ったと思いました」
T16 「ありがとう。【板書「三六五×十四回分のありがとう」】はい，ありがとう」
S17 「えっと，お母さんも佐江子さんもあの手紙で，励まし合っていたので〈ウ〉だと思います」
T18 「そうだね。【板書〈ウ〉の意見を強調】S19君」
S19 「2人で頑張ってきたと思う。えっと，佐江子さんが手術するときも，お母さんが『頑張って』みたいなことを言って，お母さんと佐江子が……。言い直していいですか？（T「うん。いいよ」）お母さんがつらくても，佐江子と一緒に頑張ってきて，つらいときもお母さんが励ましてくれて，2人で，それをなんか繰り返すっていうか，何回も励まし合った仲だと思う」
T20 「ありがとう。頑張って言ってくれたね。【板書「お互いにがんばって」】はい。じゃあ〈エ〉。はい，ありがとう。4人とも立ってくれたね。じゃあS21君」
S21 「どんなトラブルとかがあっても，そんな簡単に断ち切れちゃあ親子って呼べない」
T22 「はい。親子。【板書〈エ〉の意見を強調＋「親子」】ね，はい。S23君」
S23 「この話には，お父さんとかが出てこなかったし，佐江子はずっとお母さんと一緒にいたっていうような感じで書かれていたんで，その絆みたいなものが，もう断ち切ることができないぐらい強いものになっているかなって思いました」
T24 「はい。同感です。【板書「絆」】絆ね」
S25 「えっと，寿命とかは，まあ生きてるものすべてにかかってくるものだと思うんですけど，この心臓に病気があることによって，その命が十分に，こう十分に経ってから終わる前に命が絶えてしまうっていうその瀬戸際に立たされた状態で育ってきてたので，その佐江子の限られた命のためにお母さんは尽くしたし，佐江子は自分の限られた命をお母さんのために尽くすっていう，お互いがお互いのことを深く考えるから，もうどんどん，こう絆が大きくなっていって，誰にも切れないものになるんじゃないかなって思いました」
T26 「はぁー，すごいね。【板書「命」】限りある命。命ある限りだね。あぁ，ぐっとくるなぁ」
S27 「お互い相手のために頑張れたのはそれだけ強い信頼があったからで，ある程度の普通の信頼じゃ，ただ頑張るだけなんですけど，このお母さんと佐江子は一生懸命相手のために何かをやってたんで，それだけすごい信頼があったんだと思います」
T28 「はい。ありがとう。【板書「一生懸命」】じゃあ〈ク〉。11人の人で，どうですか？」
S29 「えっと，佐江子さんは，あの，お母さんの子どもに生まれてよかったと思って，お母さんは，『この子が私の子でよかった』って思っていて，で，もう絶対に解きはてない？えーっと，絶対に，ちぎれることのない糸で，なんか，結ばれているんじゃないかなって思いました」

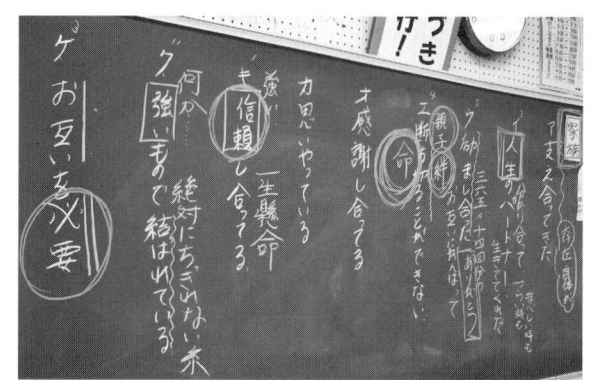

写真3-9　生徒とともにまとめた板書

T30 「いいこと言ったねぇ。絶対にちぎれない。いいね。S31さん」
S31 「さっきのお母さんの手紙で，自分で想像したんですけど……（T「いいよ」）佐江子さんは，その手術が終わってから，あの，亡くなってしまったと思うんですよ。で，それからお盆が来たりとか，何年か経ってからお母さんが手紙を書いて，佐江子さんの存在自体はここにはないけど，何か，自分とつながっている気がしたと思います」

T32 「最後の言葉いいね。何か，結ばれている。じゃあ〈ケ〉。3人いるけどどうですか？」
S33 「えっと，佐江子とお母さんは，2人とも，両方が必要と思ってたから，いろんな絆とか，なんか，絆とか信頼とかが生まれたんで，だから，その2人が必要と思ってなかったら，2人ともが必要と思ってなかったら，たぶんアイスコーヒーとかも一緒に飲めないし，いろんなことも多分1人でやってたと思うんで，お互いが必要と思ってたと思います」
S34 「えっと，私，あの自分のことになるんですけど，偶然に2月7日の次の日がお父さんの誕生日で……（涙で言葉が出ない）」
T35 「ありがとね。うん，ありがとう。大丈夫？」
S36 「……私は（お父さんを）必要としたし……（涙）。お母さんも佐江子も，そういうことを思ってたんじゃないかなって，思います…」
T37 「ありがとう。一生懸命言ってくれたね。ありがとね。S38さん」
S38 「えっと，絶対に自分の娘が，死の瀬戸際なんて嫌だし，佐江子も自分が死ぬなんて嫌だと思ってたけど，お互いに必要としていたので，すべて乗り切れたんじゃないかと思いました」
T39 「ありがとう。みんな，いっぱい考えて言ってくれた。これ見て，黒板。すごい。さっきS34さんがね，言ってくれたみたいに，こう，自分が今まで，こういうのを感じたことがあるかなぁ。聞いてて，よかったなっていうか，心に残ったなぁとか，こうやって思ったなぁっていうか，感想になっちゃうときもあると思うけど，そういうのがあったら是非，発言してほしいな。どうですか。じゃあ，S40さん」
……ステップ3・4
S40 「S34さんの話で，……（涙声）私も，お父さんが死んじゃったんですけど，ちょっと，思い出しちゃって。すみません。（涙ぐむ）2歳のときだったんで，思い出とかはないんですけど，やっぱりお父さんに似てるところもあるって言われるんで…絆とかもあるかなって」
T41 「ありがとう。ありがとね。立派に言ってくれて」
S42 「えっと，みんなの意見を聞いて，もっと家族を大事に思いたいと思います」
T43 「ありがとうございます。【板書「家族」を赤で強調】じゃあ，他どうですか？」
S44 「S34さんのを聞いて，お父さんも，なんか心臓が……（T「うん。ありがとね」）それを…（涙声）なので，お父さん，今，生きてるんですけど…，生きててくれてよかった」
T45 「ありがとう。涙を流している人もいると思うんだけど。将来，みんなにも新しい家族ができます。つらいこととか悲しいこととかもあると思うんだけど，心で考えて生きていってほしいな。たくさんの意見を言ってくれてありがとう。みんなにお礼をいいます。授業を終わります」

(5) 実践を振り返って

　対話を授業の中心に据え，成長を実感できるような道徳授業をつくり出すことによって，以下のような成果が得られた。

・自分と異なる価値観を知ることで自分の価値観を改めて見直すことができた。
・自分とは異なる価値観を知ることで他者理解も深まった。本音で語り合うことで，価値実現の難しさ（人間理解）も深められた。
・互いに話し合うことで，自分のよさを見つけることができた。それにより「自尊感情（自己肯定感）」をもつ生徒が増えた。
・他者理解が進むことで自分をとりまく人へ感謝の気持ちをもつ生徒が増えた。
・積極的に話し合うことで，生徒同士に気持ちの交流が生まれ，学んだことを自分の生活に生かそうとする場面が増えた。

第3章 実践編① 教科・道徳の授業づくりをどう進めるか

・「人として生きる意味」を共に考え，話し合うことで，全員で学びを生み出す楽しさを感じる生徒が増えた。その結果，道徳授業を楽しむ生徒が増えた。
・何でも気軽に会話ができる雰囲気が生まれ，人間関係が温かなものとなった。

　学び合う意義を実感することで，道徳授業は一気に魅力ある時間に変化していく。それは生徒だけでなく，教師や保護者にとっても同じである。道徳授業の中で自分なりの納得を見つけ，自分から学びをつかみとろうとする「学びの実感」は，よりよく生きたいと願う生徒の意欲をさらにかきたてていくだろう。

　また，語り合うことで，級友のよさに気付き，思考を深め，再び自分自身と対話しながら自分のよさにも気付くこともできた。互いの成長を実感しながら共に成長していく道徳授業をつくり出すことは，心を育て，自分以外の周りの人々のよさに気付き，自尊感情（自己肯定感）を育むことにもつながる。生徒が学びを実感する道徳の時間をこれからも展開していきたい。

(あま市立七宝北中学校　岡田幸博)

平山勉のワンポイントアドバイス

　「道徳」は教育実習生が最も苦労する科目の一つです。岡田先生も指摘されていますが，生徒は本時の授業の答えもしくは，学ぶべき内容が分かっていることがその理由の一つです。子どもたちにとって，不確実で先の見通しがない未来を生き抜くために，「道徳」の授業づくりは重要です。

　教師の手立てによって，生徒が学習に夢中になるように目指していきましょう。「道徳」の授業づくりを通して学級経営が円滑になり，児童・生徒理解も進みます。それらを他の教科につなげていくことも大切です。

第4章

実践編②

「総合的な学習の時間」の可能性を探る

1　地域を教材とした総合的な学習の時間の授業設計
―第6学年　「町名から探る西小校区の昔」の実践を通して―

(1)　はじめに

　総合的な学習の時間（以下，「総合」とする）で，現場が一番困ることは何か。それは，教科書がないことである。総合の内容は，各学校が定めることになっている[i]。年度当初に，自分が担当する学年がわかる。それから，総合の学習内容を考え，年間計画を立てていく。他の校務分掌もあり，慌ただしい4月の短期間で，総合の準備・計画をしていくことは，とても大変な作業である。

　また，教科書がないゆえに，「総合で何をしたらよいのかわからない」という状況も出てくる。総合では，体験を通して学ぶ方法を身に付けていく。「何をしたらよいのかわからない」がために，体験活動が問題の解決や探究活動の中に，適切に位置付けられていない。それでは，学習とならない。

　総合では，いかに学習内容を準備・計画していくかが，1年間の学習の成否につながっていく[ii]。現在勤務する学校での，総合における学習内容について述べていく。

(2)　総合における学習内容　―ホーム・リージョナル・スタンダードの作成―

　総合の学習内容の一つとして，「地域の人々の暮らし，伝統と文化についての学習活動」という地域の学習が例示されている[iii]。しかし，地域の事象を取り上げるだけでは総合の学習として成り立たない。子どもが興味・関心を示すのは具体的な事象である。以前，子どもに，有田和正氏の「コンセントの穴の長さは，右と左で同じですか。違いますか？」という問いを発した[iv]。すると，授業中にもかかわらず，ほとんどの子どもが立ち歩き，教室内のコンセントを探し回った。子どもたちは，身近なもので話が聴けたり，観察できたりするものだと，すぐに調べ活動をすることができる。調べたいものがあるからこそ，子どもは動く。調べる活動そのものだけへの，興味・関心は存在しない。学ぶ方法を身に付ける総合では，子どもが興味・関心をもつことができるような具体的な地域の事象でなければならない。ただ単に，地域の事象を取り上げて「調べてみよう」という活動では，一部の子どもだけが活躍する総合になってしまう。

　そこで，総合における地域教材に関しては，ホーム・リージョナル・スタンダードの構築を提案する。ホーム・リージョナル・スタンダードとは，岩田一彦氏が主張する学校独自の地域素材の体系化を図ったものである[v]。地域教材を総合で独占するのではなく，社会科で学習内容が及ばなかったところを，総合で学習内容とすることができるとよい。岩田一彦氏が，例示したホーム・リージョナル・スタンダードを表に整理する。（表4-1）

第4章 実践編② 「総合的な学習の時間」の可能性を探る

表4-1 岩田氏のホーム・リージョナル・スタンダード[vi]

ホーム・リージョナル・スタンダードの内容	
①地域社会に関する教養的知識	・その地域に住んでいる人ならば多くの人が知っている教養的知識
②地域社会に関する各教科の内容	・国語・民話，社会・身近な社会事象，算数・数字で表現できる事象，理科・観察できる動植物等
③地域社会における総合的な諸問題	・環境，福祉，町づくり，産業振興，論争問題等
④地域社会でできる体験の種類とその系統	
⑤地域社会の人々の生活の知恵と技術	

　このホーム・リージョナル・スタンダードを参考にして，本校におけるホーム・リージョナル・スタンダードを作成した。次に示すのは，その一部である。（図4-1）

　次に述べる実践は，この図をもとに構成していった。校区にはかつて，佐屋川，天王川という二つの大きな川が流れていた事実を探究していくという学習内容である。

　また，地域の事象を教材として，子どもの主体的な追究活動を可能にする授業設計をする際に，次の3点に留意した。

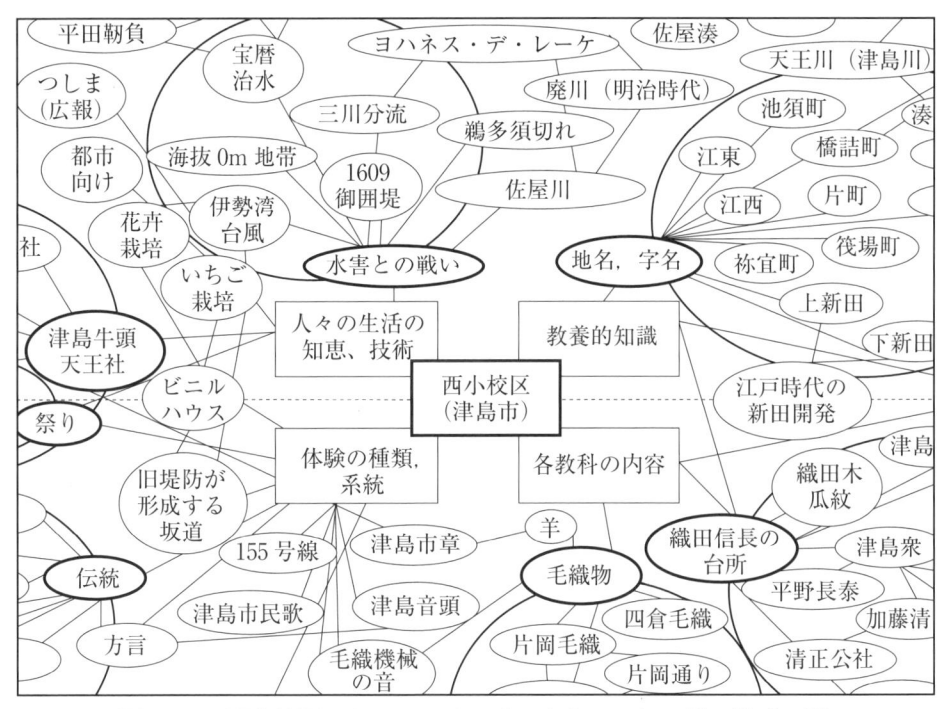

図4-1　西小校区のホーム・リージョナル・スタンダード（一部）

55

> ① どの子どもも経験や教養がある地域の事象を教材化する。
> ② 地域のある事象について，「なぜ，Ａなのか」という「なぜ疑問」を，子どもに発見させる。その際，明確に因果関係を説明することができない事象を教材化する。
> ③ 子どもの「なぜ疑問」となるように，「なぜ疑問」発見までじっくりと地域の事象に対する具体的な情報を用意する。

(3) 実践

ア　研究の仮説

　どの子どもも経験や教養がある地域の事象を教材化し，事象間の因果関係の説明を必要とする課題を設定することにより，「なぜ疑問」の発見につながり，課題を主体的に追究することができるであろう。

イ　仮説実現のための手だて

・普段何気なく体験している地域の事象にも疑問がもてるよう，町名の意味を学習の導入で取り上げる。

・「なぜ，西小校区には水に関する地名が多いのか」という「なぜ疑問」が，子どもにとって追究したい課題となるよう，町名の意味や町名の種類分けの学習を積み重ねていく。

・追究過程において，コンピュータや本だけでなく，取材やフィールドワークなど課題解決に適している調べ方があることを実感させていく。

ウ　単元計画

　(ア)　単元　「身近な地域の調査」

　(イ)　単元名　「町名から探る西小校区の昔」

　(ウ)　目標

・西小校区に「江東」や「江西」など「川」に関連する町名があることを知り，収集した資料を比較したり関連付けたりして検証することができる。

・西小校区の町名と「川」の関連について興味をもち，地形図や昔の写真，現在の地形，地域の人の話から，追究することができる。

　(エ)　単元の指導計画（全12時間扱い）

第１次　身近な地域の情報を集めよう（５時間）

第２次　身近な地域の特色を追究しよう（５時間）

第３次　身近な地域の特色をまとめよう（２時間）

第4章　実践編②　「総合的な学習の時間」の可能性を探る

(オ)　単元展開の概要[vii]

時	学習過程	学習目標	主な学習活動	学習技能
0	事前の情報収集	○「津島市」についての情報を集めよう。	・ウェッビング法を用いて、既有の知識を出し合い、整理する。	・書きだす技能
1	情報収集	○自分たちの住んでいる「津島市」について、地図から情報を集めよう。	・自分たちの住んでいる地図をもとに、町名を整理する。 ・集めた情報について整理する。	・地図の使い方技能 ・書きだす技能
2・3		○西小校区の町名の由来について、考えてみよう。	・国語辞典、漢字辞典をもとに、西小校区の町名、地名の由来について考える。	・辞典の使い方技能
4	情報の分類・比較	○「歴史」や「地形」に着目して、西小校区の町名を分類してみよう。	・西小校区の地名、町名を「歴史」に関係するものと「地形」に関するものとに分類する。わからないものについては、「不明」に分類する。	・情報を集める技能 ・考える技能
5		○白地図に、町名を書き込み、気付いたことや疑問点を整理しよう。	・気付いたことや疑問点を発表する。 ・白地図に、水に関する町名の範囲は青や水色で色をぬる。	・発言、発表の技能
6	課題設定	○疑問に思ったこと、調べてみたいことから、課題設定をしよう。	・「なぜ疑問」の発見 ↓ ・学習課題を設定する。	・「なぜ疑問」発見技能
		【本単元の中核となる課題】 なぜ、西小校区には「水」に関連する町名が多いのだろうか。		
	仮説の設定	○課題に対する仮説を立てよう。	・予想を出し合い、話し合いで二つの仮説を設定する。 ・自然環境（川）に関する仮説について取り上げ、昔の地形図をもとに設定した仮説を吟味する。 ・仮説を検証する方法をグループで検討する。 ・検討した結果をもとに調査計画を立てる。	・考える技能 ・話し合い技能
		【仮説】 昔、西小校区には「川」が流れていたのではないか。		

57

7		○仮説を検証するために，資料を集めよう。	・コンピュータや図書で，なぜ西小校区には「水」に関連する町名が多いのかについて調べる。	・コンピュータを使う技能
家庭学習	検証のための資料収集	○家の人や地域の人に聞きとりをしよう。	・課題について，知っていることを家の人や地域の人から聞く。	・「おたずね」技能
8		○津島観光交流センターの若山さんから，話を聞こう。	・西小校区と「川」の関係について，課題解決のヒントとなるような話を聴く。	・聞き方の技能
家庭学習	検証のための資料収集	○若山さんの話を参考にして，調べたり，確かめたりしよう。	・川が西小校区を流れていた証拠として残っている旧堤防跡や，砂地を探しに行く。	・観察，見学の技能
9	調査結果の分析	○調査結果を分析し，仮説を検証しよう。	・調査したことをワークシートにまとめる。 ・昔の地形図から，川があった位置と町名が関連しているか検証する。	・考える技能
10	検証	○検証した結果をまとめよう。	・調査結果と分析をもとに明らかになったことを発表する。	・発言，発表の技能
11	まとめ	○検証を，より確かなものにしよう。	・昔の写真と今の写真を比べて，川が流れていたことを認識する。	・地図の使い方技能
12	まとめ	○本単元のまとめをしよう。	・検証結果をもとに，西小校区が佐屋川と天王川が流れる地域だったことを説明する。 ・本単元で学習したことを，自分なりにまとめる。	・発言，発表の技能 ・考える技能

エ 研究の実際

(ア) 第１次「身近な地域の情報を集めよう（５時間）」について

学習を始めるに際して，子どもたちが津島についてどの程度知っているかを調査した。ウェッビング法[viii]を用い，一人一人がワークシートに記入をしていった。全員が津島に関して10個以上のことを書くことができた。天王祭りや，津島神社，毛織物など，中学年の社会科で学習したことや，地域の行事として経験してきたことを中心にウェッビングを広げている。また，協同して黒板に津島に関するウェッビングを作成していった。（写真４-１）西小校区の町名

写真４-１　ウェッビングの様子

第4章　実践編②　「総合的な学習の時間」の可能性を探る

を一人が書くと，その町名からさらに広げて，他の知っている町名をいくつか書いていった。この活動を通して，「他にも西小校区には町があるのではないか」「地図が見てみたい」という声が上がってきた。そこで，第1時では，西小校区にある町名を地図で調べることにした。グループで分担して，西小校区の地図から町名を探す。西小校区の町名数は37個。この授業の最初には，15～20個ぐらいと予想している子どもがたくさんいた。「西小校区には，町が多いんだ……」と気付いていた。

　最初のウェッビングでは，「津島には，昔は湊があった」と黒板に書いた子どもがいた。「津」は「湊」を意味しているということを知っていたのである。そこで，「大和町の大和ってどんな意味？」と問うと，「大和時代の大和」「大和って日本のことだと思う」という答えが返ってきた。国語の授業で，漢字辞典や国語辞典を使ったばかりということもあり，「辞書を使えば，意味がわかるんじゃない？」という反応もあった。37個も全部辞書で調べるのは大変なので，グループで一人5個ずつぐらいという分担をした。祢宜（ねぎ）町や馬場（ばば）町など，辞典に載っている町名は，「祢宜は神官だって！　だから津島神社に近いのかな？」「馬場は，乗馬の練習をするところらしい。昔は津島に馬がいたの？」という因果関係の発見をしたり，疑問をもったりしていた。漢字辞典で調べるうちに，「江東や江西，池須，宮川，河原。さんずいや川が関係している字が多いなぁ」と気付くグループも出てきた。

　この調べたことをもとに，西小校区の町名を「水に関する町名」「神社に関する町名」「その他」「不明（わからない）」というカテゴリで分類をした。宮川町のように，水と神社の両方に関係する町名も出てきた。すると37個中，17個が水に関する町名だということがわかってきた。町名を分類することにより，「なんで，こんなに水に関する町名が多いのか」という「なぜ疑問」をもち始める子どもたちが，学級の約半分ぐらい出てきた。続けて，白地図に町名を書き込む活動を行った。水に関する町名を書いた地域は，青色で色ぬりを行った。池のように点在して色ぬりを行う子どももいれば，川のようにつなげて色ぬりをする子どももいた。（図4－2）

　(イ) 第2次「身近な地域の特色を追究しよう（5時間）」について

　ここまでの活動を通して，ほとんどの子どもが「（西小校区には）なんで，こんなに水に関する町名が多いのか」という，「なぜ疑問」をもつことが

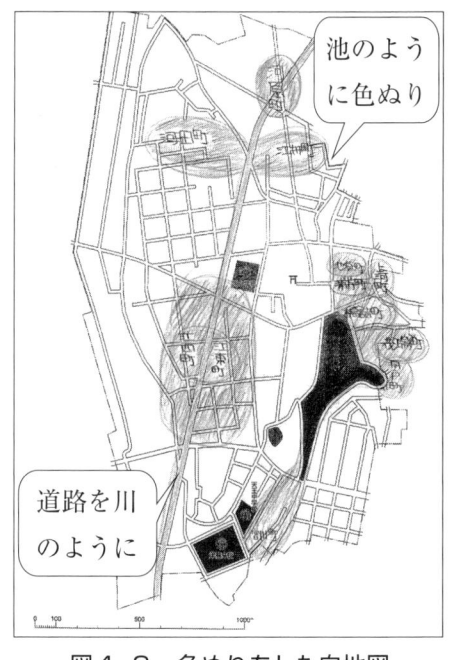

図4-2　色ぬりをした白地図

59

できるようになった。そこで，「なぜ，西小校区には水に関連する町名が多いのだろうか」という課題について追究していくことにした。色ぬりをした白地図や，「津島には，昔は湊があった」という情報から，「西小校区は水と何かしら関係があるのではないか」と仮説を立てることができた。「おじいちゃんに聞けば，わかるかもしれない」「学校の近所に住む本屋の黒田さんが，ここらへんのこと何でも知っている。そういう人に聞けば，すぐわかるよ」「昔の地図が見てみたいなぁ」と，反応もよかった。追究活動に対する意欲の高まりも感じることができた。まずは，学校で調べられることから始めてみようということで，コンピュータや図書室の本で調べることにした。しかし，32人中22人が，コンピュータで調べても，よくわからないと答えていた。何か他の方法がないかと，子どもたちに考えさせたところ，「図書館で調べる」や「人に聞く」という意見が出てきた。

　関連して，この授業後には，「なぜ，西小校区には水に関する町名が多いのか」という話題がいくつかの家庭で上がった。「西小校区は川が流れていた」「天王川公園の池は，昔は川だった」という情報を得てくる子どももたくさんいた。子どもたちは，「今は何にもないのに，本当に川が流れていたのか？」と疑問を出した。そこで西小学校の校区にある津島市観光交流センターの若山さんから，西小校区と川の関係について話をしていただくことにした。館長さんに，川が流れていた証拠として旧堤防跡の写真を見せていただいたり，御囲堤の話をしていただいたりした。放課後，津島市立図書館へ出かけ，昔の地形図や航空写真をコピーしてきたり，小高い場所を自転車で探したりして来る子どもが多数いた。その足で，再び学校へ来て「先生，大発見！　昔はやっぱり川が流れていた！」と興奮気味に地形図と共に話しに来た子どもが印象的であった。さらには，津島市観光交流センターを訪れ，館長さんからもう一度話を聞いてくる子どもも多数いた。

　(ウ)　第3次「身近な地域の特色をまとめよう（2時間）」について

　ここまでの追究活動を通して，子どもたちは「西小校区には川が流れていたため，水に関する町名が多かった」ということを認識した。川の名前も調べることにより，「佐屋川」と「天王川」ということも全員知ることができた。その二つの川がどこを流れていたのかについて，昔の地形図をもとに探していった。「昔の地図だと，すぐに川の跡がわかるよ。でも大正13年にはすでに，佐屋川も天王川もなかったんだ」という声があがった。ここで，津島と勝幡は天王川で繋がっていたことを補説した。最後にグループで課題に対する答えを模造紙にまとめた。（写真4-2）

写真4-2　模造紙へのまとめ

第4章　実践編②　「総合的な学習の時間」の可能性を探る

(4) おわりに

　総合は教科書がない。地域を教材化し，学年の発達段階に応じた教材をストックしていくことが必要である。そのためには，ホーム・リージョナル・スタンダードの加筆や修正といった再構成が必要になる。同時に，地域の人材についても整備していかなければならない。

　なお，本実践では，中学年社会科の学習で手の届かなかったところを，取り上げて学習内容として構成した。総合では，それぞれの学習過程で，育てたい力を明確にしなければならない。総合と教科がそれぞれ果たす役割を峻別していく必要がある。

　　　　　　　　　　　　　　　　　　　　　　　　　　　　　　　（津島市立西小学校　服部　太）

---

i　文部科学省『小学校学習指導要領解説　総合的な学習の時間編』東洋館出版，2008年，p.20
ii　山極隆氏は，総合において子どもがやりたいこと，望むことをやらせることが大切であるといった指導は，「(略：服部)『総合的な学習の時間』は，遊びの時間，目的のない体験活動の時間になり，『生活科』と変わらない体験あって学習なしの時間になっていった。」(山極隆「児童中心主義がもたらしたもの」(『現代教育科学』No.650, 明治図書，2010年，p.21) と述べている。総合では，教師が学習内容を吟味していく必要がある。
iii　文部科学省，前掲書，p.6
iv　有田和正『誰でもできるエネルギー環境教育入門』明治図書，2007年，p.31
v　ホーム・リージョナル・スタンダードに関して，岩田一彦氏は次のように述べている。「総合的学習が地域素材を扱う中核であるとの主張は認められない。学校独自の地域素材の体系化を図り，次のようなホーム・リージョナル・スタンダードを構築したい。そして，その中で総合的な学習における身近な地域の展開を考えていくべきであると主張する。」岩田一彦「地域素材はすべての教育で必要！」(『総合的学習を創る』No.132, 明治図書，2001年，p.17)
vi　同上，p.17
vii　概念探究型の学習過程については，岩田一彦『小学校社会科の授業設計』東京書籍，1991年に詳しい。また，総合において育てたい学習技能については，有田和正『総合的学習に必須の学習技能』明治図書，2000年を参照にした。
viii　ウェッビング法については，關浩和氏『ウェッビング法─子どもと創出する教材研究方法─』(明治図書，2002年) を参照した。

平山勉のワンポイントアドバイス

　「総合的な学習の時間」については，導入された時から教師側にとって，負担の大きい科目でありましたが，新学習指導要領の実施の中でも，改めて今，「言語活動」「表現活動」との連動や「教科の裏打ちのある総合的な学習」の重要性が求められています。

　服部実践は，「社会科」の地域教材と関連付けていることも学んで欲しいです。そして，この「総合的な学習の時間」の授業づくりこそが，子どもの生活と密着した何気ない疑問や感想を学習課題に転用していくこと等，教師の実践的な力量の育成という観点でも重要な科目であることを忘れてはいけません。服部先生の今後の授業実践も楽しみです。

2 子どもの思いや願いで進める授業
―第6学年 総合的な学習「織田信長」の実践から

(1) 子どもの思いや願いで学習を進めることができるようにするために

「見たい」「知りたい」などの思いや願いをもって主体的に追究する中で，自ら知識を獲得したり，体験したりして自己実現をしたとき，子どもたちは生涯にわたって生きて働く『生きる力』を身につける。

そこで私は，総合的な学習の時間の単元計画を，子どもの思いや願いに寄り添って修正しながら学習を進めてきた。さらに，各教科や学校行事と関連させ，子どもの思いを深めたり，願いをかなえたりできるよう工夫してきた。愛知県江南市立布袋（ほてい）小学校6年生において，地域教材を発掘して取り組んだ実践例を紹介したい。

ア 教科からの発展を図る

「歴史は面白いと言える子どもを育てたい」という願いを達成するため，人物に焦点を当てて学習を進めてきた。社会科小単元「織田信長」の中で出てくる，郷土にゆかりのある「生駒屋敷（いこまやしき）」を契機として，総合的な学習に発展させる。総合的な学習と関連させることで，社会科の時間だけでは追究や体験ができなかったことができるようになるとともに，問題の解決や探究活動に主体的，創造的，協同的に取り組む態度を育てるという総合的な学習の時間のねらいを，より達成しやすくなると考えた。

イ 遠足・集団宿泊的行事と関連させる

信長について課題を追究する中で，当然子どもたちは詳しい資料や体験を求めようとする。そこで学校行事と関連させ，追究や体験ができる場を保障し，子どもたちが追究課題を解決できるようにするとともに，追究意欲をさらに高めることができるようにした。

ウ 指導体制を工夫する

追究する中で子どもたちが抱く疑問や関心事は，一人一人違ってくる。しかしながら担任は一人なので，一人一人の課題に対して適切な支援をしていくことは難しい。そこで6年生5学級の枠をはずし，追究したい課題ごとのコース別学習を取り入れた。同じテーマを追究する集団の中で，各コースの担当教師から適切な支援を受けられるようにすることで，子どもたちの追究意欲をさらに高めることができるようにした。

エ 文化的行事と関連させる

疑問を解決し，真実をつかんだり自分の考えをもったりしたとき，子どもたちは学ぶ喜びを感じ，それを誰かに伝えたいと願う。そこで，文化的行事と関連させ，友達に伝えたり，地域に発信したりする場を保障した。それにより，仲間や地域，長い歴史の中で生きる自分自身を見つめ直す機会になると考えた。

(2) 教材について

ア　織田信長

　尾張国（現在の愛知県）に生まれた戦国・安土・桃山時代の武将であり，日本の歴史上，最も有名な人物であると言える。学級の子どもたちに歴史アンケート調査を行ったところ，織田信長は特に知識量や関心度が高い人物であることが分かった。江南市や布袋小校区にも，信長に関する歴史的資料は豊富に存在し，中央史と地域史とを結び付け，脈々と流れる歴史の中で，確かにその人物がこの地にいたということを感じさせるには絶好の人物である。

　社会科の授業から発展させた総合的な学習の時間では，校区に存在する信長ゆかりの史跡「生駒屋敷」を教材化しようと考えた。

イ　生駒屋敷

　信長の側室で，信忠，信雄，徳姫の３人を産んだ「吉乃」の生家である生駒屋敷の跡が，学校近くにある。現在は保育園や民家などになっているが，生駒屋敷は小折城ともいわれ，周囲に堀を巡らせた広大な構えであった。尾張を統一し天下布武をもくろむ信長は，生駒氏の経済力と情報収集力に着目し，生駒氏との関係を深くしていった。そんな中，生駒屋敷を訪れた信長と吉乃は出会った。

ウ　吉乃の方

　吉乃の方は，天文７年（1538）に生まれ，父は生駒家三代家宗である。彼女は土田弥平次に嫁いだが，弥平次は明智合戦で戦死という悲運にあい，新婚の夢破れて兄の生駒家長が住む生駒屋敷である生家に帰ってきた。そこで，信長に見初められて側室となり，信忠，信雄，徳姫を産んだ。

　吉乃の方は永禄７年（1564）に小牧山の築城とともに小折から移ったが，永禄９年５月13日に病死した。冷酷非情と言われる信長を陰でささえた吉乃の方の生涯は，わずか29歳で幕を閉じた。墓碑は布袋小校区にある久昌寺にあり，かろうじて久庵桂昌大禅定尼という法名が見て取れる。久昌寺は生駒氏の菩提寺であり，吉乃の方の位牌も存在する。

エ　武功夜話

　江南市と信長を強く結び付けたこの文献は，市内前野町で造園業を営む吉田龍雲さん宅に先祖代々伝わる秘蔵の古文書である。信長や秀吉らの若い時代の生々しい意欲に満ちた，野性的な行動が述べられたものは「武功夜話」をおいてはほかに見当たらない。

　これらの資料を「信長は本当に布袋に来たことがあるのか」という共通テーマを追究する中で子どもたちに発見させ，課題解決の手がかりとして授業の中に登場させたい。さらに江南市歴史民俗資料館を活用させたり，地域の郷土史家をゲストティーチャーとして招いたりして，子どもたちだけでは課題解決が難しい古文書解読等の部分を，支援していただこうと考えた。

(3) 抽出児「水田」について

　総合的な学習の時間の目標は，次の4つの要素に分けられる。
「横断的・総合的な学習や探究的な学習を通して，
① 自ら課題を見付け，自ら学び，自ら考え，主体的に判断し，よりよく問題を解決する資質や能力を育成するとともに，
② 学び方やものの考え方を身に付け，
③ 問題の解決や探究活動に主体的，創造的，協同的に取り組む態度を育て，
④ 自己の生き方を考えることができるようにする」である。
　この目標に迫ろうと取り組んだ本実践を，水田（仮名）という抽出児を通して紹介する。

ア　学級の中での抽出児水田

　4月当初学級開きの日，私は水田のことを全くと言ってよいほど気にとめていなかった。5年生の時の担任からも特に申し送り事項はなかったし，外見も真面目そうで，私の頭の中は，自己中心的で数々のトラブルを起こしてきた数名の子のことでいっぱいであった。しかし，子どもたちとのやり取りの中で早口で苛立った感じの発言をし，驚かされたことを覚えている。

　初日に限らず，水田の早口で苛立った感じの発言は続いた。勝手な振る舞いが目立つ女の子たちに対する文句や，相手を思いやることがなかなかできない男の子たちの自分に対する言動に腹を立てている内容のものであった。良好とは言えない人間関係の中で，眼鏡をかけた真面目な風貌，世間の流行には無頓着，運動が苦手，でもテストでは良い点を取る水田は，きっと嫌な思いをたくさんしてきたのであろう。

イ　織田信長と抽出児水田

　4月中旬，歴史に関するアンケート調査を行ったところ，水田は歴史に対する興味・関心が高いことが分かった。そして彼は戦国時代が好き，自分の家が信長ゆかりの生駒屋敷跡地に建っているといった理由で，社会科の授業で追究して発表する人物に「織田信長」を選んだ。「信長はすごく頭が良くて天才でもあり残酷」という部分に自分を重ねているように思う。

　また水田は鉄道マニアで，休日に乗りに行ったり調べたりしている。単にガリ勉ではなく，自分が興味をもったことを主体的に調べる力をもっているように思う。しかし，歴史でも鉄道でも，彼にとっては知識量がポイントで，調べ方やまとめ方を見ていると，みんなに伝えたいというよりも，自分の知識量の豊富さを披露し，みんなから「すごい」と思われたいという願いが見受けられる。

　日本の歴史の中でも，特に信長に関心が高く，自分の家と生駒屋敷とのつながりをもつ水田にとって，社会科「織田信長」の学習を発展させ，主体的な追究や表現を保証する総合的な学習の時間は，必ずや『生きる力』を身につけることになると考える。

第4章 実践編② 「総合的な学習の時間」の可能性を探る

(4) 「織田信長」実践経過図

総合的な学習 28+ 社会科 3+ 学活 1+ 行事 8=40 時間完了

【社会科】
「織田信長」追究グループの発表
- 第1時 弟を殺した信長
- 第2時 将軍を追放した信長
- 第3時 神仏を恐れない信長

→ えっ本当に織田信長は布袋に来たことがあるの?

調べた子に詳しく聞こう

夏休み自由研究『生駒屋敷』研究児童(水田)の発表

これでは分からない

祖父祖母に聞こう	インターネットで調べよう	図書館で調べよう	歴史民俗資料館で調べよう	清洲城で調べよう	岐阜城で調べよう	安土城で調べよう

遠足・集団宿泊的行事 6

- 来たことがあると言っていた。
- 詳しいおじいさんがいる。

- 江南市のホームページに、史跡のことが説明してあった。

- 信長、吉乃コースという探策コースがあるから来たことがある。

- 『武功夜話』という本に書いてあるらしい。
- 来たことがあると、資料館の人が言っていた。

- 信長のことはよく分かったけど、布袋や生駒屋敷のことなんて、どこにも書いてなかった。
- 布袋のことは布袋で調べなければ分からない。

証拠がない。やっぱりよく分からない。

本当に生駒屋敷はあったの? 吉乃はいたの?

でも、確かに信長は生きていた!信長はすごい!

『武功夜話』を調べたい!

手がかりを探しに行こう

生駒屋敷跡	久昌寺 経塚	龍神社 常観寺 中門
・江戸時代の地図と、今の地図を比べて歩いたら、道路や堀の跡がぴったり一致した。 ・西の丸という地名も残っている。 ・確かに生駒屋敷はあった。	・吉乃のお墓は確かにあった。位牌もあった。 ・吉乃は確かに生きていた。	・説明の看板はあったけど、書いてあることが難しくて、よく分からない。 ・関係ないみたい。 ・手がかり無し。

でも、本当に信長が布袋に来たかは分からない。

武功夜話に信長と吉乃のことが書いてあるようだが、難しくて、何が書いてあるのか分からない。どうしよう。

布袋に住む歴史家の岩田泰平さんなら、きっと武功夜話のことも詳しいから聞いてみよう。

本当に織田信長は布袋に来たことがあるんだね。

布袋にこんな歴史があったなんて知らなかった。すごい。みんなに伝えたい。

もっと詳しく調べたい。

学習発表会で、お父さんやお母さん達に教えてあげよう!

・吉乃に会うためだけに布袋に来たの?	・信長はどの道を通って布袋に来たの?	・吉乃の3人の子どもはどうなったの?	・秀吉も生駒屋敷にいたの?	・生駒屋敷を詳しく調べたい。	・信長の生涯や安土城をもっと詳しく調べたい。

- 信長には生駒氏の協力が必要だったんだね。
- 今も残っている柳海道は信長が整備したんだね。
- 3人の子どもだけでなく生きるのが大変な時代だったんだね。
- 秀吉の天下取りへの道が始まった場所だったんだね。

- 生駒屋敷はこんな感じだったと思うよ。
- 安土城はとてもかっこよくて美しいね。

分かったことを劇にして伝えたい。紙にまとめて発表したい。

生駒屋敷や安土城を作りたい。

学習発表会　文化的行事 6

- 幼いころの信長や長篠の戦い
- 吉乃との出会い　等
- 生駒氏の人物紹介と系図
- 信長の人生双六　等
- 安土城や生駒屋敷の復元模型
- 生駒屋敷の今昔　等

(5) 「織田信長」実践の概要

ア　10月14日（1／40）社会科「織田信長」の発表第1時目

　水田たちによる「織田信長」の発表第1時目は、ペープサートを使って行われた。照れ笑いを浮かべながらも嬉しそうだ。生駒屋敷や吉乃も登場した。織田信長にとって、生駒屋敷は尾張統一の上で欠かせない存在であることが強調されていた。

　信長に自分をダブらせてきた水田だったが、授業後の感想から、学習するにつれ、信長と自分の違いを見つけているように感じた。「信長は本当に布袋に来たのだろうか？」という明確な追究課題が生まれた。

イ　10月21日（2／40）社会科「織田信長」の発表第2時目

　社会科「織田信長」の2時間目。1時間目と同じペープサートを使っての発表であった。美濃を攻め、上洛を果たし、足利15代将軍義昭を追放するまでの人生をみんなに伝えた。新しいことをどんどんやっていく信長が、いかに頭がよく、すばらしい人物であるかを強調した内容となっていた。

ウ　10月22日（3／40）社会科「織田信長」の発表第3時目

　社会科「織田信長」の3時間目。浅井・朝倉・延暦寺・武田といった、自分に逆らうものをことごとく打ち滅ぼしていった信長が、家臣の明智光秀に討たれるまでの人生を伝えた。「信長の政策は冷酷非道でひどすぎる」という意見が多かったが、水田をはじめ信長を調べたグループは、「世の中を平和にするために必要なことだった」と信長を擁護していた。

エ　10月23日（4／40）夏休み自由研究『生駒屋敷』の発表

　社会科の授業で生まれた「信長は本当に布袋に来たのだろうか？」という課題を追究したくて、水田は夏休みの自由研究テーマに生駒屋敷を選んだ。学級で行った自由研究の発表会を経て、学年で行われる発表会の学級代表に、私は水田を抜擢した。張り切って発表したものの、「これだけでは信長が本当に布袋に来たのか分からない」というみんなの意見に、やや落ち込んでいた。発表会後の学習プリントからは、何としても信長と生駒屋敷を結ぶ手がかりを見つけたいという強い思いが伝わってきた。

オ　10月25日（5／40）総合的な学習の時間での追究スタート

　「信長は本当に布袋に来たのだろうか？」についての手がかりを見つけられるかについて話し合った。祖父母に聞いたり、信長ゆかりの史跡を訪ねたりすることになった。

カ　10月28日（6・7・8・9・10／40）遠足・集団宿泊的行事

　秋の遠足は、「信長は本当に布袋に来たのだろうか？」というテーマのもと、清洲城追究コース・岐阜城追究コース・安土城追究コースの3コースに分かれて手がかりを探した。安土城コースに参加した水田は、真剣に手がかりを探していたが、結局手がかりは見つけられなかった。しかし、「やっぱり布袋のことは布袋で調べな分からん」という顔は明るい。あ

こがれの信長の足跡をたどり，信長を身近に感じている喜びが会話の端々に感じられた。

キ　11月2日（11／40）総合的な学習の時間

信長と生駒屋敷のつながりの確証を得ようと，生駒屋敷跡を探索することになった。水田は「生駒屋敷跡には石碑や看板があり，ここに屋敷があったと書いてある」と主張したが，「そんなものは後からでも作れるから証拠にならん」と言われて残念がっていた。

ク　11月5日（12／40）総合的な学習の時間

探索計画を練っている水田たちは，江戸時代のものと思われる古地図の写しを手に入れた。11月3日に水田が再び歴史民俗資料館を訪れ，学芸員さんにいただいたそうだ。頼まれて現在の住宅地図を貸した。必死に見比べながら手がかりを探している。他の児童も珍しい古地図に興味を示し，それを手に入れた水田とその努力に賛辞を送り，水田も嬉しそうだ。

ケ　11月8日（13〜16／40）総合的な学習の時間

昔の地図と今の地図を見比べながら，当時の道が今も残っていることや，堀の跡が今では用水路になっていることなどを確かめた水田は，その喜びを生き生きと語ってくれた。また，今自分の家が建っている場所は，昔生駒屋敷内のうちでも風呂場の前であったと，大笑いしながら話してくれた。

コ　11月9日（17／40）総合的な学習の時間

探索して発見したことの発表を行った。水田たちの発表には拍手が起きた。吉乃の墓や現存する生駒屋敷の中門，信長や吉乃の位牌も見つかり，確かに生駒屋敷があり，吉乃も実在したことが分かった。しかしながら，信長は本当に布袋に来たことがあるのかというテーマを解決する発見は無かった。久昌寺を調べたグループから「総代さんが，武功夜話に書いてあると言っていた」という意見が出され，水田は以前から気になっていた武功夜話を，なんとかして調べようと張り切っていた。

サ　11月10日（18／40）総合的な学習の時間

私が手に入れた武功夜話の写しを見せる。何が書いてあるかよく分からないが，信長という字は読み取れる。壁にぶつかった子どもたちに郷土史家岩田泰平さんを紹介する。

シ　11月11日（19／40）総合的な学習の時間

ゲストティーチャーとして岩田泰平さんを招き，武功夜話をみんなの前で解読していただいた。子どもとの一問一答式で会を進め，確かに「武功夜話」の中に，織田信長が生駒屋敷を度々訪れていたというくだりを児童と共に確かめ合うことができた。難解な古文書をすらすら解読する岩田さんに，水田は尊敬の眼差しを送っていた。

ス　11月15日（20／40）総合的な学習の時間

織田信長は本当に布袋に来たことがあるのかという疑問は解決された。次にどんなことをしていきたいか問い掛けると，様々な意見が出された。そして今までの学習やさらに調べて分かったことを，学習発表会で保護者や地域の人たちにも伝えていくことになった。

セ　11月17日～12月3日（21～36／40）総合的な学習の時間

　コース別に分かれ，学習発表会を目指して16時間の追究活動や表現・制作活動に入った。6年生全員で話し合った結果「布袋小の信長の館」というテーマで発表することになった。各クラスの枠がはずされ，私は実践経過図（P.65）の下方にある6つのコースのうち，右2つを担当することになった。水田は生駒屋敷復元グループ13人のリーダーに選ばれた。

ソ　12月4日（37～39／40）学芸的行事

　学習発表会当日，水田はメンバーと共に，模型や地図，模造紙にまとめた資料を元に，保護者や地域の人に生駒屋敷の説明をしていた。メンバーには，それぞれに役割があり，水田はどちらかと言うと控え役であった。しかし，他のメンバーが来校者から質問を受けて困っていると，すぐに近づいて笑顔で対応していた。たくさんの方から，「すごいね」「こんなのがあったんだね」などの声をいただき，とても嬉しそうだった。

写真4-3　生駒屋敷復元グループ　　　　写真4-4　安土城復元グループ

タ　12月6日（40／40）総合的な学習の時間

　学習発表会も終わり，今までの学習を，プリントを綴じたファイルで振り返らせて感想を書かせた。水田の発表には，ひときわ大きな拍手が起こり，嬉しそうにしていた。

(6)　「織田信長」実践を終えて

　次頁の資料にあるように，水田は卒業文集に学習発表会のことを書いた。文面からは，自ら学び，自ら考え，主体的に判断して問題を解決できた喜びや，主体的，創造的，協同的に学習に取り組めた喜びが見て取れる。自分を上手く表現できず，押さえつけられ，やらされてきた自分の過去を見つめ直し，これからの自己の生き方について考えていることがうかがえる。

　卒業を前に仲間と楽しい日々を送る水田の姿は，総合的な学習の時間が『生きる力』を育む場として有効な教育活動となることを示している。しかし，そこには学ぶ意欲や知識・技能，思考力や表現力といった基礎・基本だけでなく，教師による良好な学級経営や児童理解，教師のコーディネーターやファシリテーターとしての役割が必要だということを忘れてはならない。

最後の学習発表会

水田

ぼくは、二年生から始まった学習発表会の中で一番よかったと思うのは六年生の学習発表会です。二年生から五年生のときまでは、なんとなく、やらされている感じがしていました。二、三年生のときまではよかったんだけど、四年生からは、なぜ自由にできないのだろうと思っていました。しかし、六年生の学習発表会はちがいました。ぼくが興味を持っていることもやりたいことを、どんどんやることができました。だから、とても楽しく思い出に残る学習発表会になりました。

学習発表会では、生駒屋敷を復元したいと思っていました。同じ考えの人が集まったら、リーダーがすんなりとぼくに決まってしまい責任重大だと思いました。すぐに準備にかかったときでも時間がないことに気づきました。あと、二週間もなく、大いそがしになりました。時には、あせりすぎてやり方を間違ったり、強引なことを言ってみんなと対立してしまったりしました。でも話し合い、協力し合い、みんなで問題を解決していきました。設計図をたくさん作りましたが、建物の造り方や形がよく分からないなか、さらに資料を調べて作有力な手がかりがなく、他の文けんも想像して作りました。とても大変でした。先生が言っていた、「本当の勉強だよ」ということが分かりながら、進んでやるのが楽しくてたまりませんでした。そして、学習発表会の日には、みんなで造った生駒屋敷を見せることの大切さやすばらしさを、一番感じさせられた六年間で一番良い学習発表会だと思いました。調べて分かったことを説明しました。団結力や助け合う

（江南市立宮田中学校　早川浩史）

平山勉のワンポイントアドバイス

　素晴らしい授業を行うには，良い学級経営が必要です。良い学級経営は，「扇」に例えることができます。もちろん教師が要となり，縦軸の児童一人一人をしっかりと束ねています。一本一本の縦軸は横糸でしっかりと結ばれ，互いに認め合う学習集団を形成します。そこに，児童の発達段階や学級の実態に合った教材が提示されると，この実践のように「扇」は素晴らしい推進力を生み出します。

　次に注目したいのは，総合的な学習の時間，社会科の時間，学級活動の時間，学校行事の時間で単元を構想していることです。教科・領域の枠は，あくまでも大人が作ったものです。子どもの学びに枠はありません。子どもの学びに合わせて単元を構想することで，子どもの追究意欲を充足させ，次なる学びを生み出しているだけでなく，各教科・領域の特性が一段と発揮されています。

　最後に注目したいのが，単独学級の実践ではなく，学年全体の実践であるという点です。自分の学級以外の先生方と協調して学習を進めることで，コース別学習の体制をとることができ，一人一人の学びを保障することができています。独りよがりの実践ではなく，職場の同僚や地域の人達，保護者などと連携していく力が，素晴らしい授業には必要だと言えます。

3 郷土愛はふるさと検定から
―「津島の達人　ジュニア歴史検定」「津島の達人　ジュニア選手権」の実践と考察を通して―

(1) はじめに

　「海部津島を訪れる人のために歴史クイズを作ってほしい」この地区の観光業務に携わる友人に頼まれた一言である。平成18年9月，私は地区の社会科研究会で新しいプロジェクトを模索していた。「とにかくふるさと検定の問題を作ってみよう」メンバーに提案するまでに時間はかからなかった。こうして，私たちは1年をかけて，私たちが勤務する市町村ごと（津島市・愛西市・弥富市・七宝町・美和町・甚目寺町・大治町・蟹江町・飛島村）に各25問の問題を作成した。対象はあくまでも小学校6年生〜中学校2年生までをねらったが，一般の方でも十分に楽しむことのできる内容に仕上げた。紙媒体・電子媒体で各学校に配布した。また希望する団体や個人には，無料で配布することにした。私たちのふるさとクイズ「海部検定」は，ふるさと検定のジュニア版・入門版として話題となり，平成20年2月には各新聞の愛知県内版で取り上げられた。社会科教師の社会貢献という面で取り上げてくれた新聞社もあった。これが私とふるさと検定との長いかかわりとなる始まりであった。

　私は旅先でふるさと検定の資料収集を行っている。初めてふるさと検定の存在に気づいたのは「京都・文化観光検定」であった。テキストや問題集が，JR京都駅構内の本屋の売り場に広いスペースで売られていた。さすがに京都の歴史は日本の歴史とイコールになる部分が多く，地域の歴史であるとともに日本の歴史でもあった。そのため多くの歴女だけでなく，歴史マニアにとって格好のクイズ問題となっていた。大阪・金沢でもJRの駅構内で本を見つけた。松江・松山・遠野・浜松（姫街道）では歴史ウォーキングを楽しむ中で試験問題を解くことができた。こうして旅行のたび，ふるさと検定の資料を買い込むこととなった。県内でも名古屋400年時代検定や半田市検定などのテキストを手に入れた。私自身，知らないうちにふるさと検定のマニアとなっていった。ふるさと検定とかかわるうちにその地域の歴史に関心をもち，知的好奇心を満足させることができた。ふるさと検定は地域を学ぶ入門となることを確信するようになった。

　人は「歴史」と出会う場さえあれば，自分の身のまわりの歴史に気づき，興味をもつことができるのではないだろうか。何か子どもたちが歴史に興味をもつことができるきっかけとなる場はないものか。この解答がふるさと検定のジュニア版であった。こうして私は，ふるさと検定に全力を傾けることになっていった。「子どもたちが地域にある身近な歴史を見直す」そのためのテキスト・問題集を作成し，出前授業や学習会をして，ふるさと検定を実施することにした。

　私が住む津島市では，津島商工会議所と津島法人会による「津島の達人　歴史検定」が，

第4章 実践編② 「総合的な学習の時間」の可能性を探る

平成20年度から一般・社会人を対象として始まった。市の教育委員会も後援団体としてメンバーに入っている。平成22年度からは，小学校6年生を対象としたふるさと検定のジュニア版をスタートさせた。私もこの時から実行委員会のメンバーとなった。実行委員会は，津島商工会議所を事務局とした民間の力を活用している。

また，私が勤務するあま市では，町の合併に伴い，記念事業として「美和ものしり検定」が実施され，公式テキスト「美和ものしり読本」が作成された。平成22年度からは「あま市もの知り検定」としてリニューアルした。これは市の教育委員会の主催事業として続いている。こちらは4年目となっている。平成24年度より「あま市ものしりジュニア検定」を開催する運びとなり，テキスト執筆者が出前授業を行うことになった。

現在，津島市とあま市で実施されているふるさと検定のジュニア版は，町をあげて郷土愛を育てるための未来に向けての壮大な実験となっている。以下，本節では「津島の達人　ジュニア歴史検定」と「津島の達人　ジュニア選手権」の取組に限って述べることにする。

(2) 『ふるさと検定』とは

ふるさと検定の始まりは，平成15年（2003）日本文化普及交流機構が行った「博多っ子検定」と言われている。翌年から始まった「京都・観光文化検定」は，試験の対象が京都ということもあって，マスコミに取り上げられ，近隣の他府県だけでなく，全国から応募者が殺到した。ふるさと検定が地域振興の一翼を担い，ふるさとの歴史や文化を見直す手段として注目を浴びるきっかけとなった。現在「東京シティガイド検定」「金沢検定」「鎌倉検定」「姫路文化観光検定」「伊賀学検定」「萩ものしり博士検定」など全国で多方面・多種類の検定が開催されている。中には，「食」とか「観光」とか「歴史上の人物」に限るマニアックなものもあり，実生活や就職等の資格として役立つものは少ないが，生涯学習社会の中で，「知」を楽しむ内容となっている。

表4-2は各地域の商工会議所が主催するふるさと検定である。どの地域が特別に多いと言うよりも，全国どこでも実施されているというのが正しいように考える。

愛知県でも商工会議所等が中心となって「尾張一宮学検定」（平成19年度〜）「なごや400年時代検定」（平成20年度〜）「半田ふるさと検定」「岡崎家康公検定」（平成22年度〜）が実施されている。「信長の台所　歴史検定　津島の達人」は平成20年度から津島商工会議所が主催して，平成25年3月までに年1回ずつ開催し，平成24年度で5回目を実施した。

表4-2　地域別ふるさと検定（平成23年度調査）

地方名	検定実施数
北海道	11
東北	7
北信越	8
関東	16
東海	10
近畿	12
中国	13
四国	5
九州	10
計	92

また本研究で取り上げる「津島の達人　ジュニア歴史検定」は平成22年度から始まり，市教育委員会が共催したため，市内全小学校の6年生が全員参加することになった。

　「地域」と「郷土」はどのように違うのか。地域と言った場合，一定の地域が同じ性質をもつ（等質地域）と共に，行政的な意味合いが強いと考えられる。都道府県・市町村，あるいは市の西部・東部と言った分け方（形式地域）が多いように思う。

　『郷土愛』を育てるとは，偏狭な所属地域だけの利益を目指すものではなく，家族愛の発展形として，また祖国愛や国際平和につながるものとして，人と地域とのかかわりを重視し，持続可能な発展社会を目指すバランスのとれた愛情を育てることと考える。

(3)　『信長の台所　ジュニア歴史検定　津島の達人』の実践と考察

ア　『ジュニア歴史検定』に至るまで

　平成19年度末，愛知県社会科研究会海部支部の新プロジェクト委員会は，海部地方の歴史・文化・観光をクイズ形式で学ぶことのできる冊子「海部検定」を作成した。市町村ごと20〜25問，四者択一で子どもたちの教材用として作成したが，大人も楽しむことができるように考えた。この検定は，平成20年2月に中日新聞と朝日新聞に掲載されたため，100人を超える多くの方から手に入れたいとの連絡を受け，歴史マニアの方たちに活用されることとなった。本論文の執筆者は，プロジェクト委員会の事務局として，この検定の作成から配布と深くかかわることとなった。

　平成20年度，私は郷土史家として多数の著作がある黒田剛司氏に依頼され，『信長の台所　歴史検定　尾張津島見聞録』（公式テキスト）の執筆を手伝うことになった。氏は『信長の台所　歴史検定』の実行委員会のメンバーであった。この公式テキストでは，津島の歴史（通史）・人物・産業・尾張津島天王祭・牛頭天王信仰・名物などについてまとめた。

　公式テキストは12月初めに完成した。この公式テキストをもとにした第1回目の検定は，平成21年3月に実施された。8府県から247人が受検した。公式テキスト持ち込み可，四者択一の設問，50問の内7割の正答で「津島の達人」の称号が贈られることになった。なお津島市長をはじめとした全問正解者を4月の尾張津島藤祭りで表彰した。

　平成21年度，黒田氏は公式テキストの続編として『信長の台所　歴史検定　尾張津島見聞録　歴史年表』を刊行した。私はこの年の検定問題の作成を依頼された。第2回目の検定では，テキストの持ち込みを認める初級試験と持ち込みを認めない上級試験とに分けて実施した。

　平成22年度『信長の台所　歴史検定』実行委員会の黒田氏に依頼され『尾張津島見聞録ジュニア版』を作成することになった。このテキストの作成にあたり，共同研究者である名城大学の平山勉准教授とテキストの構成や工夫について相談した。本論文の執筆者，浅井が執筆編集委員長となり，地区の若手社会科教師15名に呼び掛けて作成した。

　公式テキストをわかりやすくするため，①「津島市のゆるキャラ（イメージキャラクター

つし丸・マッキー・ふじか）」をイラストとして使用する，②大切な語句はゴシックとする，③節の後半にクイズを設け，復習できるようにする，④最終章に模擬試験を掲載する，など工夫を凝らして執筆した。

イ 「尾張津島見聞録　ジュニア版」（公式テキスト）の活用法

平成22年12月初めに，ジュニア歴史検定公式テキストを出版し，各学校へ配布した。それと共に市内校長会で活用法について以下のような提案を行い，共通理解を図った。

① 平成23年1月11日～21日（24年は1月10日～20日）の間に各学校で実施する。
② 市内8小学校6年生全員を対象とする。
③ 当日テキストの持ち込みを認める。事前に社会科の授業等で，テキスト最終章の「模擬試験」を学習する。また冬休みにテキストを6年生に貸し出して家族でテキストを読んだり，模擬試験を解いたりする。
④ 採点は『尾張津島見聞録　ジュニア版』執筆・編集委員会で行う。記念品を配布する。

写真4-5　テキスト

⑤ 検定終了後はジュニア版のテキストを各学校の図書室で保管し，来年度に備える。
⑥ 学校で2～3回事前学習を行った後で，ジュニア歴史検定を実施した。事前学習では単に模擬試験を解くだけでなく，本文の記述を丁寧に読んだ学校が多かった。また6年生の担任だけでなく，執筆委員が講師をつとめた学校も2校あった。市内8小学校の6年生740人の内，704人（24年度は707人）が受検した。

平成23年度には公式ドリル問題集を作成し，活用法について依頼した。

① テキスト最終章にある模擬試験（3回分）を「総合的な学習」「社会科」の時間を使って，テキストを読みながら解く。
② 公式ドリル問題集のSTEP1を「総合的な学習」「社会科」の時間を使って解く。冬季休業中に希望者に本を貸し出し，家族でテキストを読んだり，検定問題を解いたりするように助言してほしい。

ウ 「津島の達人　公式ドリル問題集」の作成

平成23年度には，『信長の台所歴史検定　津島の達人』のための公式ドリル問題集を作成した。これはジュニアのための問題集であるとともに一般の方が活用できる教材を作成することを依頼されたことによる。このドリルの作成にあたっても共同研究者の平山氏の意見を聞くことにした。6月の第1回の編集・執筆委員会で今後の日程や編集方針，原稿作

写真4-6　公式ドリル問題集

成の手順について確認し，以後3回の編集委員会で原稿を仕上げ，校正を行った。編集として工夫した点は「①ステップを『入門・1級・初段・達人』の4段階にわけ，いずれの章も古い時代から新しい時代へと問題を配列した。②『津島の達人　尾張津島見聞録』のどのあたりを調べればよいかを明示し，活用しやすいように配慮した。③『達人への道』として，その時代のキーワードを解説したりエピソードを紹介したりした。④覚えてほしい重要な年号を整理してわかりやすく記述した。⑤津島のゆるキャラ（イメージキャラクター）を活用し，吹き出しを通して重要語句の説明を記述した。できるだけ写真を多くして，ビジュアルな内容にするよう心がけた」の5つの点である

エ　『ジュニア歴史検定　津島の達人』の実際と考察

(ア)　『ジュニア歴史検定』の実際

　ジュニア歴史検定は，津島市のイメージ・キャラクターや市の鳥，さらに津島で使われる方言など関心が高くわかりやすい問題も出題した。また写真による出題も行い，できる限り問題を見て子どもたちが嫌になることのないよう配慮した。執筆・編集委員会で問題を厳選・作成し，25問の四者択一問題を正副2種類作成した。

(イ)　児童の感想とその考察

　ジュニア歴史検定の結果，100点をとった児童は22年度は139人（19.7％），23年度は97人（13.7％）と多く，平均点は83点（22年度は82点）もあり，全体的に良くできていた。

　また50点以下の児童数は22年度44人（6.3％），23年度46人（6.5％）と少なかった。児童の感想を見てみると「最初はとても難しくわからないことがたくさんあったけれど，今は文章を読むだけでわかる問題もあるので良かったと思う。この検定を受けて津島のことがよくわかったし，名物の食べ物や方言のことがわかるようになったので，受けて良かったと思いました」「問題は難しかったけれど自分の住んでいる地域のことがよくわかって良かったです。日本全体のことを勉強していても，津島のことを勉強していなかったので，この歴史検定をやって良かったです。『歴史検定』をやって少し地域のことが身についたので，来年の6年生たちにもぜひやってあげてほしいです」「この試験を受けてみて，津島に住んでいてもあまり津島のことを知っていないとあらためて思いました。津島のことが好きになりました」と津島のことがわかったと書いている感想が目立った。「津島のことがたくさんわかって嬉しかったで

写真4-7　ポスター・検定の様子

第4章　実践編②　「総合的な学習の時間」の可能性を探る

す。テキストなど大切な所は太字で書いてあったので良かったです。方言や郷土料理などについてわかったので探してみようと思いました。特にびっくりしたのは『放課』という言い方があるのは愛知県だけということです」「テキストはとても内容が濃く，津島のことが沢山書いてあったので，読むのに時間がかかったけれどじっくり読めました。ドリル問題集はレベル分けがきちんとしてありわかりやすかった」これらの感想から，子どもたちは「知る」ことによって住んでいる町が好きになり，郷土に対する愛着を深めることができた。

　㈱　教師へのアンケート結果とその考察

　検定終了後に，市内の6年生担当の先生方全員がアンケートに回答をした。「テキストは津島の歴史を知る上で，役に立つと思うか」「歴史検定は津島の歴史を知る上で，役に立つと思うか」では23人全員（23年度は24人全員）が「役に立つ」と回答した。反面，半分を上回る14人（23年度は10人）の教師が，テキストの内容が小学生には難しすぎると回答した。

　教師の感想としては「子どもたちが住んでいる地域の歴史について，このような冊子を使い学習することは郷土を愛する心を育むにはよい教材であると思う。『検定』という方法もやる気になって学習に取り組むのにはよかったと思う」「東小学校区の埋田町には『七福神踊り』という踊りがある。そのいわれなどもぜひ次回の改訂の時にテキストにのせてほしい。興味のある子ばかりではないので，難しい点もあったが，津島の歴史を知り，好きになることに役立つと思った。冬休みの課題としたので家族と相談しながらやっていた子もいた。この学習が家族のふれ合いの場となったように思う」「テキストを朝読の時間に読んでいる子の姿が見られた。自分の住んでいる土地の名前が出てくると嬉しそうに友達に話す姿が印象的であった。津島が発展し続けるように指導していきたい」「歴史学習が終わった頃なので，テキストの配布・テスト実施の時期は良かったと思う。ただ地元の人物がたくさん出てくるので，覚えるのが難しいと思われた。本の内容で，戦争中の学徒動員・学童疎開・アジアへの出征・従軍慰安婦・戦死者数などの記述がないのが残念だった。次回の改訂でお願いしたい」など，テキストの内容や工夫について満足している意見が多かった。

　このテキストを活用し，家族で郷土の歴史を考えることができたという感想も聞くことができた。反面，現代史の内容の更なる充実を願う意見を聞くこととなった。「授業で3時間ほど学習時間をとりました。調べ方のコツをつかんでくると多くの子が熱中して取り組んでいました。ドリルのステップ3ぐらいになると答えが見つからずあきらめる子も出ました。ドリル問題集は少し難しいものもあるなと思いました」とドリルの難しさを指摘する意見もあった。

オ　『津島の達人　ジュニア選手権』（主催　西尾張CATV）の開催

　㈱　『津島の達人　ジュニア選手権』とは

　地域にあるケーブルテレビ会社の開局20周年の記念番組として，『信長の台所　歴史検定実行委員会』・津島市教育委員会・ケーブルテレビが共催し，ジュニア歴史検定を活用し

75

た，ふるさと検定のクイズ番組を制作することとなった。ジュニア検定の1ヶ月後，平成24年2月に開催した。3人1チームによる団体戦と参加者全員による個人戦を計画した。参加者が多数のため，予選会を実施してから，決勝を行った。決勝は市文化会館で公開収録を行い，保護者や教師が応援にかけつけた。最近流行しているクイズ番組（会場の保護者や教師によるHELPが1問だけ許される）とかつて人気のあった「天才クイズ」の手法を取り入れ，子どもたちが楽しむことのできるテレビ番組とした。

写真4-8　ジュニア選手権決勝

(イ)　**『津島の達人　ジュニア選手権』実行委員会による準備**

テレビ番組作成のため1月に1回，2月に5回実行委員会で打ち合わせを行った。実行委員は，テキスト・ドリル集を執筆した教員の代表とテレビ会社の者がつとめた。いずれも平成24年の

　　1月19日　「予選会・決勝の選手権のもち方，団体戦・個人戦のクイズ問題のチェック」
　　2月3日　「予選会当日の受付，テストの採点，シナリオの確認，各係の役割と分担」
　　2月6日　「予選会当日のクイズ出題・解説，会場の確認，最終版シナリオの確認」
　　2月13日　「予選会・決勝の会場図，受付，予選会（テスト・クイズ選手権）のもち方」
　　2月22日　「決勝のもち方，シナリオ・会場図の確認，個人・団体出題クイズの検討」
　　2月24日　「決勝の最終シナリオの確認，ルール・役割の最終確認，会場の確認」

(ウ)　**参加した子どもたちの感想**

予選会には，津島市内の小学生4〜6年生117人（39チーム）が参加した。8小学校すべてから参加があった。予選会の結果48人（16チーム）が決勝に進んだ。予選会では「津島の達人テスト15点満点」と「クイズ問題5題」の点数を合計した20点満点で行い，成績の良い団体を合格とした。またテキスト・ドリル集を執筆した教師グループの他に，愛知教育大学や名城大学の大学生ボランティアが参加した。

ケーブルテレビ（西尾張CATV）も全社体制で人を配置し，また津島商工会議所にも受付をはじめ全面的に支援をしていただいた。

子どもたちが，ジュニア選手権予選会に参加した理由は，「津島の歴史が好き（28）」「友達・先生に誘われて（36）」が多かった。またジュニア選手権で津島の歴史が「好き（107）」になり「津島の歴史を勉強した（112）」と回答している。参加した子どもたちは色々な歴史があると思った」「以前は津島について関心がなかったけれど，このクイズ選手権を受けて関心をもった。歴史なんか楽しくないと思っていたけれど，楽しくて，知っていると格好いいことがわかった」「40チーム120人が参加すると聞いてびっくりしました。生まれてから一

番長い時間1日で勉強しました，津島の勉強について燃えました。津島の達人になれるように3人で頑張れたのでとても良かったです。自分のふるさとを知ることができました」と自分の学習を振り返る感想を書いていた。

決勝は，予選会の1週間後に行い，3人1組による団体戦と団体戦に参加した48人による個人戦を行った。公開収録としたので，会場となった津島市文化会館には，家族や先生・友達が多数応援に駆けつけた。予選会から決勝までの1週間，子どもたちは本当によく勉強した。ジュニア選手権のやり方（予選・決勝　クイズ＋テスト）は参加者全員（48人）が「楽しかった」と回答していた。勉強をする中でテキスト・ドリル集は「わかりやすく（41人）」津島の歴史の「勉強がよくできた（45人）」と回答していた。参加した子どもたちは「どきどきして本当に楽しい。○×なのでわかりやすく，クイズ選手権は本当に面白かった。また参加したい」「津島のことがよくわかった。テキストやドリル集は大切なところが太字になっていたり，解説や写真があったりしてわかりやすかった。是非これからも続けてほしい」と感想を書いていた。

またジュニア選手権に参加したボランティアの大学生は「予選会・決勝の流れが良かったと思う。2週間かかったのも勉強期間となり良かったと思う。ペーパーテストも面白かった」「歴史クイズのお姉さん（若手教師がつとめた）は当たり役。学生ボランティアも会場係としてルールを守らせることができ，インチキを防ぐことができた」と感想を述べていた。平成25年2月に，第2回の「津島の達人ジュニア選手権」を実施した。

写真4-9　歴史クイズのお姉さん

(4) 今後の課題

今後の課題は次の3点である。

ア　ジュニア歴史検定を継続し，さらに上級の「津島の達人　歴史博士」を目指す手だてを推進する。『ふるさと博士　ふるさと研究作品コンクール』の実施を考えている。

イ　「津島の達人　ジュニア歴史検定」の練習・試験問題をインターネット上に配信する。

ウ　他のふるさと検定と協力し，複数の検定に合格したら「海部博士」の称号を与える。

（あま市教育委員会　浅井厚視）

平山勉のワンポイントアドバイス

浅井先生と出会ってすでに20年が過ぎています。先生は一貫して地域の歴史素材の教材化にこだわってみえました。最近は教育委員会に出向してみえる時間が長いため，教育行政を

推進していく立場で、どのような実践ができるか考えてみえるようです。「郷土愛はふるさと検定から」はその集大成です。ふるさと検定のテキストやドリル作成などでも先生にアドバイスをさせていただきました。

　今後は「出前授業」を進め、授業とリンクしたふるさと検定をどう進めるかにあると思います。学芸員志望の方も是非この実践を参考にして、学社連携（学校教育と社会教育との連携）を考えてほしいと思います。

第5章

実践編③

マルチメディア教育の
理論と実践の方法

1 視聴覚教材の歴史と自作ビデオ教材を活用した実践

(1) 視聴覚教材の発展と普及

ア 視聴覚教育理論と歴史

　20世紀初めのアメリカでは，デューイが学習者の経験を重視する新教育理論を打ち立て，「みる」ことは重要な位置を占めるようになった。そして20世紀半ばには，ラジオやテレビなどが登場し，マスメディアの発達とともに視聴覚教育理論が登場してくる。

　エドガー・デールはその頃活躍したアメリカの教育学者で，著書で「経験の円錐」（図5-1）を提唱している。底辺に「直接的・目的的体験」を，頂点に抽象的な「言語的象徴」を置き，その間に経験の層を配置し，経験から概念に至る過程に視聴覚機器・教材を位置づけている。つまり，これらを活用することで，目で見たり耳で聞いたりするという直接体験を補い，豊かな感性的体験を得ることができるのである。これが視聴覚教育理論のはじまりと言えるであろう。

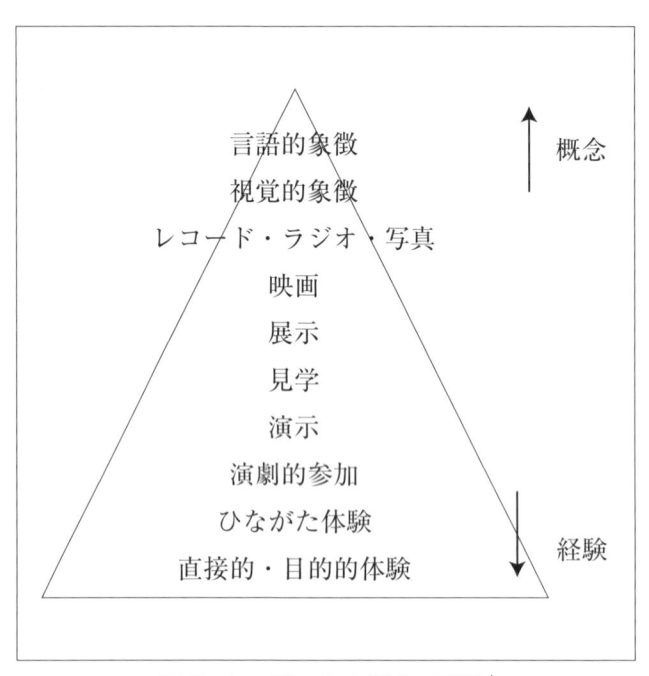

図5-1　デールの経験の円錐[i]

イ 視聴覚教材の定義

　昭和27年文部省視聴覚教材利用の手引きによると，「視聴覚教材は直接経験を代行し，それを理解しやすいように再構成した具象的教材である」また，昭和35年文部省学校教育指導書によると，「視聴覚教材とは『学習者に対して提示される教育のための視覚的，聴覚的媒体』であることができよう…」と示されている。

　これらのことから，「見たり聞いたりすることによりその意味が理解できるように，具象的・感覚的に表現されている媒体」が視聴覚教材である。そして，「この媒体を利用して教育の効果を高めること」が視聴覚教育であると言える。

　これまで活用されてきたビデオやCD，16ミリ映画などの視聴覚教材は，特に学習者の視覚と聴覚の両者に強く働きかける特徴をもっている。最近では，マルチメディア教材がよく利用されている。マルチメディア（資料5-1）については共通の定義は存在せず，各々の

第5章　実践編③　マルチメディア教育の理論と実践の方法

視点や必要性から，次のような説明が行われている。文字，音声，映像等の多様な情報・表現形態を統合的に扱える情報媒体・機器といった側面，コンピュータを中核にテレビ，ビデオ，電話，ファックス等の性能を合わせもった装置という側面，これらの機能を活用して，受動的な利用に留まらず，利用者が自由意志で情報の選択，加工編集ができる双方向性をもつといった側面があげられる。ハード面から説明すると，マルチメディアは，テキスト，音声，写真，アニメ，動画その他のメディアを通して，メッセージ（情報）を伝達するということになる。これまでは，静止画は写真やスライドで，動画は映写機やビデオデッキで，音声は，カセットレコーダーでといったように，それぞれの情報がそれぞれのハードウェアによって伝達されてきた。コンピュータはそれらをデジタル情報として，一つの情報の形態の中に統合している。マルチメディアの概念図を表すと次のようになる。（図5-2）

資料5-1　マルチメディア

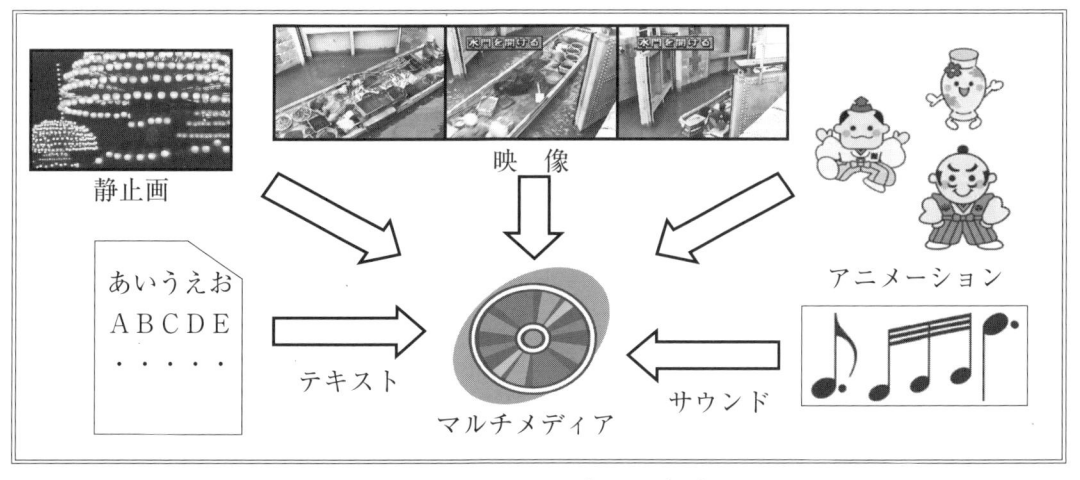

図5-2　マルチメディアの概念

(2) 視聴覚教材の特徴

ア　視聴覚教材の効果的な活用方法

　いろいろな視聴覚教材があり，それぞれ長所・短所がある。どの教材をどの機器（メディア）で活用していくかは，次のような組み合わせを考える必要がある。（資料5-2）

81

資料5-2　教材とメディアの組み合わせ

見せ方・使い方・自作性・教材	メディア等の種類と特性
・全員に一斉に見せたいか一人一人に見せたいか ・先生の説明が必要か集中して見せたいか ・既製の教材があるか自作か ・学習の流れが1本直線か学習の分かれがあるか ・見えない物を見せたいか実物があるか ・一回しか使わないか何度も利用するか ・理解のための教材か感情に訴える教材か	・先生のお話（子どもの顔を見ながら話せる） ・録音（上手な読み手は感情を伝える） ・デジタルカメラ（その場で映せて消耗品なし） ・ビデオ（手軽だが画面が小さい） ・大型テレビ（鮮明で迫力満点） ・電子黒板（黒板とコンピュータ，映像機器等が一体化） ・プロジェクター（大きく提示） ・教材提示装置（小さいものを大きく提示） ・コンピュータ（計画的なマルチメディア提示）

イ　わかる授業をめざして

　ビデオカメラで地域を撮影して体験学習を進める社会科の教師がいる。インターネットを活用して他国の学校と交流学習を進める英語の教師がいる。プロジェクターで運動会の記録を大きな画面で提示する体育の教師がいる。教師は，常に子どもたちに意欲をもたせ，楽しくわかりやすい授業を展開しようと教材研究を深めている。「わかる授業」の実現（資料5-3）を目指し，視聴覚機器の効果的な活用法を研究していかなければならない。いつもビデオだけ，コンピュータだけという使い方ではいけない。たくさんの機器の中から一番ふさわしい機器は何かを慎重に選択し，授業の一助となる生かし方を検討していかなければならない。

資料5-3　「わかる授業」の実現のために
① 興味・関心や意欲を高める。
② 基礎的・基本的内容の理解と習得を助ける。
③ 主体的な学習の方法を習得させる。
④ 思考力や判断力，創造力を培う。
⑤ コミュニケーション能力を高める。

(3)　教材自作に関する実践例（平成9年に実施）

ア　自作ビデオ「川に生きる―長良川河口堰とわたしたち―」を活用しての授業

　(ア)　自作ビデオ制作の意図
　　①　社会観

第5章　実践編③　マルチメディア教育の理論と実践の方法

わたしたちの地域（濃尾平野南部）は海抜ゼロメートル地帯といわれ，太古の時代から川が網の目のように流れ，一雨降ればまたたくまに洪水の被害を受けてきた。すなわち，川の周囲に住む人々にとっては，まさに水とのたたかいであった。

さて平成7年，長良川の下流に大きな堰が建設された。これが「長良川河口堰」である。運用されてすでに2年が経過しているが，堰計画以前から，賛否両論様々な意見が出されてきた。堰がわたしたちに何を与えているのか，どんな影響があるのかを考え，賛成側，反対側の主張を公平に受けとめていきたいと思う。

写真5-1　自作ビデオのタイトル画像

② 生徒観

濃尾平野を流れる木曽三川下流地域に住むわたしたちは，過去に起こった様々な水害の話を聞いてきた。生徒たちも小学校のときに宝暦治水や明治の改修工事については，その概略を学習してきている。また，伊勢湾台風による被害もしかりである。本時では，河口堰がなぜ必要なのか。建設された理由を考えさせるとともに，建設計画から建設後に至る今日までの問題点を生徒とともに考えていきたいと思う。

③ 教材観

最近環境問題が教育のあらゆる場面で重要視されている。わたしたちは21世紀を迎え，これから地球規模的な様々な問題を抱えていくことになると思われる。そんな中で，濃尾平野に住むわたしたちにとって，川はかけがえのない財産である。川（自然）と人間がいかに共存していくかが問題となる。今回のVTR「川に生きる―長良川河口堰とわたしたち―」は，こうした問題提起を生徒に投げかけると同時に，一人一人が自分なりの考えをもつきっかけになればと思い制作した。

(イ) 利用方法

わたしは，中学校社会科3年，中単元「国民生活の向上と福祉」の「公害問題と環境破壊」の分野の学習で，自作VTR「川に生きる―長良川河口堰とわたしたち―」を利用したいと考えた。地球環境問題が叫ばれている昨今，地球規模的な環境問題の対策を考えるとともに，わたしたちの身近にある地域で，今注目されている問題を取り上げ，生徒一人一人が今後どうすべきか，また，どうあるべきかを考えさせる目的で，この自作ビデオを制作した。ところで，利用方法については，他の面でも活用できる。それは，「長良川河口堰」の問題は限られた地域だけではなく，日本全国に波及した問題だからである。今，環境や自然

が見直されてきている。学校の教材としてだけではなく，多くの人々にこの自作VTRを視聴してもらい，新しい環境のあり方，自然との共存について考える視点になることを期待したい。

(ウ) **自作ビデオの内容と脚本の一部**

次に，自作ビデオの内容と脚本の一部を掲載する。

内容	・長良川と濃尾平野の概略を知る。 ・河口堰が必要な理由を知る。 ・河口堰の運用とその影響を知り，問題点を明らかにする。 ・今後の長良川のあり方を考える。

画　　像	ナ　レ　ー　シ　ョ　ン	BGM
水芭蕉　1 源流→滝		①ナイルの花嫁
源流の碑 大日ヶ岳 川（2） 河口　2	長良川は，岐阜県の北端高鷲村，大日ヶ岳（1709m）を源に，全長166km，流域面積1985k㎡，19市町村を通って，伊勢湾に流れています。	
渓谷 吉田川	郡上山地の渓谷をぬって，途中で様々な川と合流して，川幅を広げながらだんだん大きな川になっていきます。	

(エ) **自作ビデオを活用した道徳の授業**

このビデオは，当初は中学校3年社会科の授業で利用することをねらって作成した。でも，環境問題という点に絞ると，道徳の授業(自然愛)でも活用できるのではないかと思い，実践を試みた。以下は道徳の授業の展開である。

① **授業の展開**

資料5-4　学習指導案

過程	生徒の活動	生徒への支援	個への配慮
めやすをとらえる　10分	1　知っている地球規模的な環境問題を発表する。 写真5-2　酸性雨 2　長良川について知っていることを発表する。 写真5-3　木曽三川	・1ヶ月ほど前から新聞記事の切り抜きをさせ，関心をもたせる。 ・温暖化減少 ・オゾン層の破壊 ・砂漠化 ・熱帯林の伐採 ・酸性雨など ・発生場所を地図で確かめさせる。 ・2年生のときのキャンプを思い出させる。 ・鵜飼い ・岐阜城 ・木曽三川 ・河口堰	・B，Cの生徒に発表させる。 （評）新聞記事を通しておもな問題に関心をもつことができたか。

第5章　実践編③　マルチメディア教育の理論と実践の方法

考え確かめる 30分	3　自作VTR「川に生きる―長良川河口堰とわたしたち―」を視聴する 4　気付いたことを視聴ノートにまとめる。 5　ディベートをする。 　長良川河口堰は治水・利水のために必要である (1)　賛成，反対にわかれる。 (2)　視聴ノートに理由を書く。 (3)　賛成意見，反対意見を述べる。 《賛成》 ・水がたくさん利用できそうだ ・洪水による被害がなくなると思う ・塩害を防ぐことができる 《反対》 ・莫大な費用がかかっている ・環境の破壊が進んでいる ・鵜飼もなくなるのではないだろうか	・視点をもって視聴させる 　・堰の必要性 　・堰建設後の問題点 ・簡単なディベートをさせる。 ・VTRを視聴してどちらかの立場を選ばせる。 ・自分の考えやVTRをもとに書かせる。	・賛成，反対の意見だけを出させる。 ・判定はひかえる。 ・できる限りたくさんの生徒に意見を言わせる。 （評）賛成・反対意見を聞いて自分自身の考えをもつことができたか。
まとめる 10分	6　環境と開発について自分の考えをまとめ，発表する。 (1)　視聴ノートに自分の考えをまとめる。 (2)　発表する。	・VTRやこれまでの意見を参考に，自然（川）との共存のあり方を考えさせる。	（評）水との共存のあり方を考えることができたか。

② ビデオを視聴して気付いたこと

"堰の必要性"や"堰建設後の問題点"に絞って視聴させたので，それらに関することが数多く挙げられた。

資料5-5　気付いたこと

① 堰の必要性
・川底を掘ると塩がさかのぼる。 ・堰は重要だと思った。（人々に役立っている）
② 堰建設後の問題点
・だんだん自然がなくなってきている。 ・川の魚がこんなに危なかったなんて知らなかった。 ・河口堰は自然を破壊する。
③ ①②から考えたこと・問題点
・堰は人々にはよいものだけど，環境には本当によいのだろうか？ ・河口堰が必要なのはわかったけど，問題があるのはよくないから，何とかしなければならない。 ・開発は環境破壊につながるが，環境を守っていけるような開発が必要だと思う。

写真5-4　長良川河口堰

上記の気付いたことをもとに，次は簡単なディベートをし，考えを深めさせようとした。

③ 河口堰は必要か

　長良川河口堰は治水・利水のために必要か

このテーマをもとに意見を出し合った。本音を出し合うことができ，注目すべき点は，中間派の生徒が多かったことである。

資料5-6　生徒の意見

＜賛成＞	＜反対＞
・魚は増えているので問題ない。 ・地元の人々が困る。 ・水不足解消にはよい。 ・塩水が上がると作物が育たないので困るから堰は必要。 ・環境にはよくないが，人々のくらしには必要。	・魚が死ぬ。 ・水が汚れる。 ・アオコが発生する。 ・魚，シジミ，鳥はどうなるのか？ ・自然がなくなる。
＜中間派＞	
・堰を利用できるのはよいが，川の中に大きなものをつくると川を汚す。 ・自然が破壊されるが，堰がないと塩水がさかのぼる。 ・堰は人々のためにはよいが，環境には悪い。 ・洪水が起こったら困るので必要だが，自然を破壊する。 ・水が不足するのならしかたないけど，でも，自然も残してほしい。	

中間派の生徒のほとんどは，堰の必要性と自然破壊相互の問題点を取り上げている。必要だが問題が残る，というのが本音ではないだろうか。そこで最後に，環境と開発について自分の考えをまとめることにした。

④ **これから自分ができること**

・川の水を汚さない。　・水のむだづかいをなくす。　・ゴミを拾う。
・ゴミを捨てない。　・木をふやす。
・自然を大切にする。　・洗剤の使いすぎに注意する。
・魚を捕りすぎないようにする。　・資源を大切にする。
・一人一人が地球を大切に思うこと。・魚を釣るきまりを作る。
・自分に関係ないと思わず，河口堰のことを真剣に考える。
・自然と共に生きることを考えて生活していかなければならない。

写真5-5　木曽川

以上のことをまとめると，自然の大切さを知り，これからはわたしたち一人一人が環境問題を安易にとらえず，自然と共に生きていくこと，そして，開発を進めていくときにはあらゆることを真剣に考えなければいけないということがわかったと思う。

(オ)　**自作ビデオへの取組**

今回制作した自作ビデオは，生徒に鮮明な動画を提供するとともに，治水・利水のために

第5章　実践編③　マルチメディア教育の理論と実践の方法

堰の建設を進める人々と自然のままに生き続けてきた川を守ろうとする人々の両者の思いを伝えている。河口堰がわたしたちに何を与えているのか，どんな影響があるのかを知ることが大切である。21世紀を迎え，かけがえのない自然（川）と人間がどのように関わっていったらよいか。こうした問題提起を児童生徒に投げかけると同時に，一人一人が自分なりの考えをもつきっかけになればという願いをこめて制作した。

　2011年（平成23）3月11日に起きた東日本大震災，それに伴って発生した津波，及びその後の余震により引き起こされた大規模地震災害は，未だ忘れることができない。「川に生きる―長良川河口堰とわたしたち―」の中の脚本，「……人が手を加えたあとで，川が自然な川になるには50年，100年という長い年月が必要であるといわれています。……『開発か環境か』の二者択一ではなく，『開発と環境の調和』を目指した河口堰の建設を考えていかなければならないのではないでしょうか。」は，わたしにとって忘れられない言葉である。当時興味関心をもった生徒たちも，今はもう立派な社会人として自分の人生を歩んでいる。彼らの思いはどうだろうか，と聞いてみたくなった。

　これまで何本か制作してきた自作ビデオは，子どもたちに感動を与えるためのものであった。しかし，今思うとそれだけではなく，わたし自身を成長させてくれた。取材に出かけて教師以外のたくさんの方々と接し，自分の中にある教師観を変えていくことができた。いくら技術が進歩しても人と人とのふれあいは，アナログである。感じたり思ったりすることは，人と人の関係によって成り立つものである。いつの時代でもデジタルだけに頼ることはできない。地域の方々の思いや願いをこれからの自作ビデオに取り入れ，また子どもたちに夢のある教材を提供していくことがこれからの本当の教材づくりになると思う。

(4)　最近の機器

　昨今の技術革新は，目にもとまらぬ速さで進んでいる。中でもコンピュータの普及発展により，教材作成が容易になり，かつての手作業で作っていた頃よりもずいぶん進歩してきた。そして，教材を見やすく，きれいに作ることができるようになった。大変便利な時代になってきた。しかし，いつの時代になっても，教師が機器に振り回されるのではなく，子どもたちの主体的な学びの活動につながるような使い方を検討しながら，効果的に活用していくことが大切であると考える。

(津島市立西小学校　渡辺幸人)

---

i　Museum+（ミュージアム・プラス）平野智紀「みることによる学び視聴覚教育理論と批判的メディアリテラシーの視点から」。http://museum-plus.org/　（Museum+とは，博物館学を学ぶ若手研究者の自主的な研究会）

平山勉のワンポイントアドバイス

　教育学の原点を創成した，コメニウス，ペスタロッチ，ヘルバルトらが主張した，直接経験すること，とりわけ，視覚情報の重要性は，ジョン・デューイの経験主義の教育に引き継がれていきます。多くの読者の皆さんも学校の修学旅行での経験したすべてを覚えているわけではなく，バスが故障したトラブルや見学先が立て込んでいて予定の参観施設を見学できなかったことなどの鮮明な体験の方が記憶に残っているのではないでしょうか。知識として学んだことは，個々の直接体験・経験したことと結びついてはじめて，生きた知識となって成熟していきます。渡辺先生はビデオカメラを活用した教材作成の達人であり，その作成したビデオ教材の中には全国表彰されたものもあります。そして，現在，愛知県のマルチメディア教育の担い手を数多く育てていらっしゃいます。

　従来，ビデオを含め，教師がその技法を習熟し教材として使用する，いわば，教授スキルとして位置づけられていました。教師にとって，教材を作成したこと，そしてその教材を授業で活用することで，ともすると目的が達成したように錯覚してしまうことも少なくありません。しかし，あくまでも教材の視聴を通して，子どもがマルチメディア教材の中で紹介されていた実物を直接見たいと思ったり，考えるきっかけづくりを行ったりという学習者の側に立つ教師としての心構えも大切です。こうした子どもの体験を大切にした渡辺先生の実践に学んでいきましょう。今後，渡辺先生の指導した若手教師がマルチメディア教育を推進していくことを楽しみにしています。

2　子どもの追究を助けるマルチメディア教材のあり方
　―マルチメディア教材「弥富市たんけん」の制作と授業での活用―

(1)　はじめに

　インターネットの環境が発達した現代を生き抜く子どもたちは，日々様々な映像メディアに触れ，多くの情報を獲得している。そのような時代であるからこそ，学校現場においては子どもの追究を助けるマルチメディア教材の制作と，マルチメディア教材を活用した授業実践が求められる。

　愛知県海部地方では，4つの地区が輪番制で自作視聴覚教材を制作している。弥富地区が担当となったとき，弥富市社会科副読本「のびゆくやとみ」の補助教材として，副読本に掲載された弥富市の約60箇所の施設等について3名の担当者で分担して取材を進め，コンピュータ上で社会見学ができるようなマルチメディア教材「弥富市たんけん」を制作することを決めた。そして，3名の担当者が取材した「写真（静止画）」「インタビュー」「ビデオ（動画）」をホームページビルダー（IBM・ジャストシステム版）でウェブページにまとめる編集作業を行い，試作品を作った。

　小学校3年生が自分で操作して学習を進めたり，学級全体で学習を進めたりすることができることをコンセプトに，名城大学の平山勉先生に作品を送り，平山先生や平山ゼミの学生に改善すべき点を指摘してもらい，手直しを進めた。

① インタビューを再生する際にメディアプレーヤーのエフェクト画面が立ち上がる。
② 「きんちゃんマーク」で戻るという操作が分かりづらい。
③ 大きな写真は「かえる」マークで戻るという操作方法が分かりづらい。
④ ビデオの再生の指示が分かりづらい。
⑤ 工場見学を見るときに，1つの工程を大きな写真にしても，また一覧に戻らなければならないという操作が使いづらい。
⑥ オートラン（CDを入れると自動で立ち上がること）ができない。
⑦ オープニング画面の指示では，子どもたちが操作に迷う。
⑧ 「CDのつかいかた」のページが煩雑で，色数も多く，文字も小さく読みづらい。

　その後，市内の小学校3年生に実際にCDを試してもらい，問題点を洗い出した。

① 弥富市内の小学校のPC環境では，動画のmpeg2形式のファイルが再生できない。
② インターネットの画面を閉じるとCDのプログラムも終了してしまう。
③ インタビューの音声が隣同士のPCで交錯して聞き取りにくい。
④ きんちゃんの吹き出しを子どもたちがよく読んでいて，ほぼ説明なしで操作できた。

　再度手直しを加えたものを地域の視聴覚研究会のメンバーの先生方に送り，問題点をメー

ル等で指摘してもらい，作品を仕上げた。修正を重ね，最終作品は，ver.11.1となった。
① リンク切れの修正
② ロゴで作ったタイトルバーのズレの修正
③ タイトル画面のきんちゃんの吹き出しの修正
④ 「音声バー」「ホームページへ」「地図へ」のボタンの修正
⑤ 拡大写真のキャプションの変更

　子どもたちが使うマルチメディア教材は，制作の段階で，より多くの立場の人に実際に試してもらうことで，より無理なく使える教材に仕上がっていく。
　なお，「弥富市たんけん」は，学びネットあいちのホームページ「愛知県自作視聴覚教材コンクール」http://www.manabi.pref.aichi.jp/general/10036726/0/index.html にアップされているので，テキストを読みながら，実際に操作して確かめてほしい。

(2) マルチメディア教材「弥富市たんけん」制作の意図

　平成18年度に編集された弥富市社会科副読本「のびゆくやとみ」の第2単元に「わたしたちの市の様子」がある。この単元では，屋上から見たことや弥富市の学校上空や全体写真をもとに弥富市内の様々な施設を調べる。また，第3単元「くらしをささえる町で働く人々」においては，店ではたらく人々のしごと，ものをつくる人々のしごとの工夫について学習する。
　子どもたちが暮らす弥富市は，愛知県の西南端にあり，西側は三重県と隣接し，東西9km，南北15km，面積48.18km²のきわめて南北に長い市域となっている。これは昭和30年の旧鍋田村・市江村東南部との合併，さらに平成18年の十四山村との合併によるもので，同じ市内にありながら，離れた場所に行くためには車で30分以上もかかるという稀な地理的状況（図5-3）となっている。

図5-3　弥富市の位置

　そこで，市の教育委員会は，市内の社会見学に際して積極的に市所有バスを活用できるように便宜を図っている。しかし，移動手段・時間の制約等の関係から，社会科や総合的な学習ですぐに何回も見学に行くことができない場所については，弥富市内の施設を1枚に収めたマルチメディア教材（コンピュータを使って静止画・動画・音声等が学習者の興味に応じて学習できるソフト）を活用した学習展開を考えていくことにした。この教材は，子どもたちが実際に社会見学に行けない施設をコンピュータ上で見学体験ができるように制作した。

(3) 「弥富市たんけん」の制作の工夫

　写真5-6は，「弥富市たんけん」のタイトル画面である。3年生の子どもたちが「CDの

第５章　実践編③　マルチメディア教育の理論と実践の方法

「つかいかた」（写真5-7）の画面を見なくても，それぞれの画面を見ながら簡単に操作できるように配慮した。弥富市キャラクターのきんちゃんが「たんけん」を案内するという子どもたちに親しみやすい設定を考えた。タイトル画面では，きんちゃんが「バーをクリックして，たんけんにでかけよう！」「こまったらトップへボタンをクリックしてもどろうね！」「インタビューも聞いてみよう！」「もういちど聞くときは更新ボタンをクリックしよう！」と分かりやすい言葉で子どもたちに呼びかけている。また，カエルマーク「ひとつ前にかえる」のボタンを設け（写真5-8），1つ前の画面に戻るみちしるべとした。子どもたちは，画面操作を繰り返しているうちに，写真をクリックすると別画面で大きな写真が表れ，再度クリックすると別画面が閉じることに気付く。

写真5-6　タイトル画面

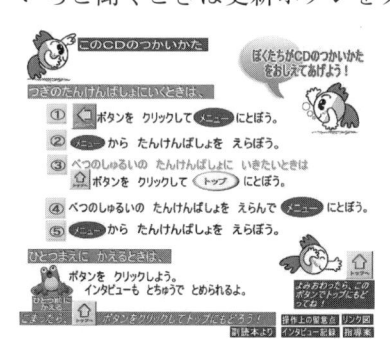

写真5-7　このCDの使い方

マルチメディア教材は，子どもたちにとって操作がシンプルで分かりやすいものでなければならない。そこで，文字については，2年生から進級して間もない3年生が1学期の時点でも読めるように，全ての漢字にルビをふることにした。また，操作に無理がなく操作に迷いが生じないように，実際に3年生の子どもたちに使わせて，操作方法の見直しを図った。例えば，インターネットへのリンク画面や動画の画面を「×」印で閉じるとすべての画面が閉じてしまって子どもたちが困った反省から，それらの画面は，別画面で開き，誤って画面が閉じないように配慮した。

トップ画面（写真5-9）には，「人がたくさん集まるところ」「大きな工場があるところ」…「大きな道路があるところ」「みんなが利用するしせつ」など副読本に記されている項目の順にこのCDに収録

写真5-8　ひとつ前にかえる

した見学地を8つのジャンルに分けて表示した。これらのバーをクリックすると，それぞれのジャンルごとの「メニュー画面」（写真5-10）にリンクしている。メニュー画面には，それぞれの施設のバーと弥富市の地図にその所在地を明示した。この地図もクリックすると大型画面が開き，それぞれの施設をクリックするとそのページにリンクするように設定した。

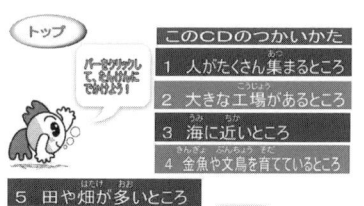

写真5-9　トップ画面

個々の施設の画面（写真5-11）には「メニューへ」（緑色）「トップへ」（黄色）というボタンを定位置に配置した。どの施設の画面も同じ配置で作ってあるので，安心して操作を行うことができる。写真をクリックすると，大きな写真の画面が立ち上がり，「ICU（集中治療室）／命にかかわる大きなけがや病気の治療をするへやだよ」のように，きんちゃんのコメントが添えられている。子どもは，自分で興味のある写真をクリックすることで，知識を深めることができる。画面によっては，「ホームページへ」または，「マークをクリックして○○のビデオを見よう」「バーをクリックするとインタビューが聞けるよ」（くふうと苦労）等，子どもたちが興味をもてばさらに調べることができるしかけも設定した。インタビューについては，取材時に質問に対する答えを書き取り，3年生の子どもがわかることばに書き直したものを読んでもらうように配慮した。また，指導者の使い勝手が少しでもよくなるようにと考え，「副読本より」「指導案」「リンク図」「インタビュー記録」等をPDFファイルにして収め（写真5-7），いつでもプリントアウトできるように工夫した。

写真5-10　メニュー画面

写真5-11　施設の画面

(4)　「弥富市たんけん」を活用した授業実践

　3年2学期の社会科学習「くらしをささえるまちで働く人びと」は，市内の商店や工場，農家等を見学し学習を進めていく単元である。校外学習として実際に見学に出かける機会は限られているので，CD「弥富市たんけん」の写真資料やインタビュー等を授業の中で活用する実践を試みた。見学前の事前学習としての利用と，見学後に見てきたことを確認する意味での事後学習としての利用の実践を試みた。

ア　見学の前にCDから情報をさがす（事前学習としての利用）

　弥富市が全国でも有名な産地となっている「金魚」「文鳥」については，金魚池や市場に見学に行ったり，生産者の話を聞いたりする機会は作れても，実際の飼育の様子を観察することは難しい。CD（写真5-12，写真5-13）には，金魚や文鳥の写真やインタビュー，鳴き声などが入っていて，子どもたちも興味をもって見ることができるので，学習プリント（資料5-7）を作ってCDからの情報収集をさせた。

　金魚については，家の近所や通学路で金魚池を見ているので子どもたちにとって馴染み深いものだが，あまり知識が豊富であるとは言えない。数日後に金魚市場に見学に行くことが

第5章　実践編③　マルチメディア教育の理論と実践の方法

写真5-12　金魚・文鳥

写真5-13　金魚池

資料5-7　学習プリント1

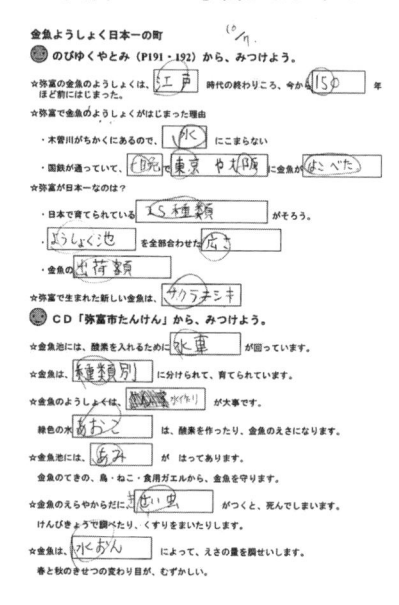

資料5-8　学習プリント2

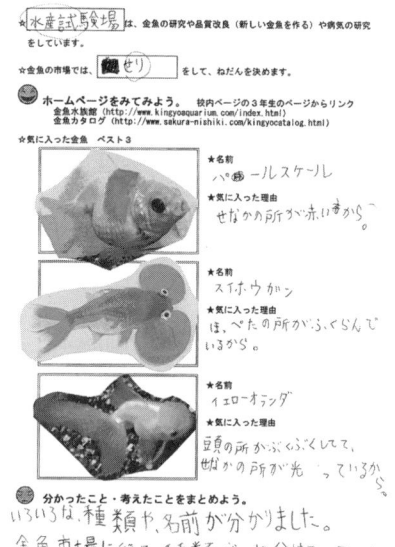

予定されていたので，副読本「のびゆくやとみ」とCDからキーワードを探させた。

CDは，写真をクリックして大きくすると説明が出てくることやインタビューの言葉の中にも多くの情報があることを知らせ，学習プリント（資料5-7）に記入させた。自分でいろいろなページを開いて，プリントに記入することを探しながら，「これ，見たことあるよ」「知ってる」とほとんどの子が全部の写真やインタビューのページを開いていた。また，金魚の種類に興味をもたせるために，3年生の子どもにも分かりやすいホームページを見させ，自分の好きな金魚を印刷して貼り付けさせた。（資料5-8）

金魚市場の見学では，せり前の金魚が種類別に箱に入っているのを見せてもらった。子どもたちは事前にCD（写真5-14）でせりの様子を見ているので，目の前の箱がこの後どうなるのかを想像することができた。また，見学前に副読本とCDを使って学習しているので，疑問点や質問したいこともはっきりしていて，積極的に手を挙げて質問する姿が見られた。一番値段の高い金魚が1匹200万円も

写真5-14　水産試験場

93

することや金魚の大きさは飼育年数ではなく池に入れる数で決まることなどを聞いて，地場産業である金魚の養殖に興味をもち，もっと知りたい，調べたいという気持ちから，総合的な学習「弥富市はかせになろう」の個人のテーマに取り上げる子が多かった。

イ　見学の後でCDを見て確かめる（事前学習としての利用）

資料5-9　学習プリント3

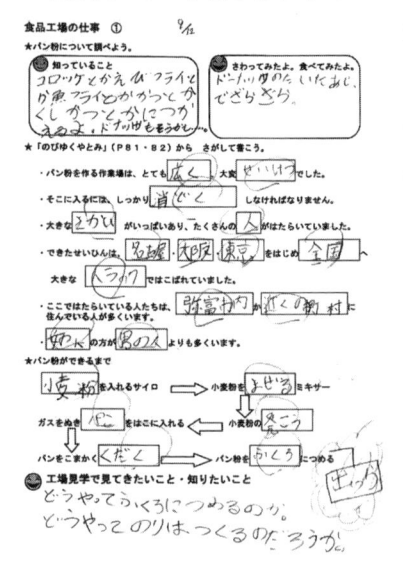

食品工場の見学では衛生面での問題も多く，すべての工程を見せてもらうわけにはいかないが，目の前で形を変えていく様子は子どもたちに感動を与えるものであるので，予備知識としてのCDでの事前学習は行わず，見学後の情報整理としてのCD利用を試みた。

学習の導入として工場で作っている製品のパン粉，ふりかけ，いりごまを観察させ，それが工場でどのように作られているのかを想像させた。子どもたちは，ふりかけの中に入っているものを調べたり，パン粉を食べてみたりしながら「のりが小さく切って入ってるよ」「パン粉はフランスパンみたいな味がするから，パンから作ると思うよ」と見学につながる発見をたくさんしていた。その後，副読本から大まかな工程を学習し見学に出かけた。（資料5-9）

工場見学は，パン粉の工程を間近に見せてもらった。人間が何人も入ることができるくらいの大きな入れ物にパンの材料が落ちてきたり，発酵した生地が機械から出てくるたびに形が変わっていたり，大きなスポンジのマットレスのようなパンが出てきたりで，子どもたちには驚きの連続だった。パンがベルトコンベアーに乗って運ばれて，目の前の粉砕器を通ってパン粉になるのを見て「本当にパンから作るんだね」「機械ってすごい！」という声が出ていた。

写真5-15　パン粉の工程

ふりかけの工程は，ガラス越しに機械を見る程度だったが，たくさん積み上げられた材料の段ボール箱の表示を見て，「のりって書いてあるよ」「いろいろな県から買っているんだね」と興味深く見ていた。いりごまは，ゴマという植物の種であることを知らせるために，実物の実と種を見せておいた。子どもたちは，工場の中にゴマの畑があるのではないかと予想していたので，大きな倉庫に積み上げられた外国産のごまの袋に驚きの声を上げていた。

CDの食品工場のページには，工場見学に行くことができなくても工程が分かるように，写真と説明が詳しく分かりやすく作られている。（写真5-15，写真5-16）

見学の翌日のまだ記憶の新しいうちに，実際に見た工程と見ることのできなかった工程をCDで確認し，パン粉ができるまでの過程をふり返らせた。子どもたちは，「これ，見た」

第5章　実践編③　マルチメディア教育の理論と実践の方法

写真5-16　詳しい説明

「ふうん，そうなっていたのか」と興味を持ってCDの写真や説明を見て，プリントに記入していた。（資料5-10）

パン粉の工程は，画像転送を使って全員の画面に送り，CDの工程と見学したことがつながるように説明を加えながら進めた。見学の時には見ることのできなかったパンになるまでの様子や機械は見たが，中で何が作られていたのかが分からなかった部分がつながって，子どもたちはもう一度見学に行ったような気持ちになったようだ。

ふりかけといりごまの工程は自分でCDを操作させふり返らせた。ふりかけやいりごまの工程は副読本には情報がなく，見学もガラス越しに部分的にしか見ることができなかったので，CDの写真と説明（写真5-17）を見て分かる部分が多く，興味をもって見ている子が多かった。時間をかけて一通り工程を見てから，自分の興味のある写真をふり返って見ている子が多く，「この中はこうなってたんだ」「工場でもらって食べたあつあつのごまは，ここから出てきたばかりのやつだったんだね」と，話題が広がっていた。学習プリントを使って，どの子も見学して分かった情報を自分で整理してまとめることができた。

資料5-10　学習プリント4（パン粉の作り方）

写真5-17　いりごまの工程

ウ　実践のまとめ

CD「弥富市たんけん」は，社会科の学習に必要な情報が豊富ではあるが，利用目的をはっきりさせて使用しないと，3年生の子どもたちの力では必要な情報を取り出したり理解したりすることは難しい。事前学習・事後学習での利用の成果と問題点をまとめてみた。

事前学習としての利用　（○成果●問題点）

○予備知識をもつことによって，見学の視点や疑問点をはっきりもって見学することができる。
○実体験として見させたいことを，事前に明確に指示することができる。
○見学できない場面も，ＣＤで見た写真や動画の情報を想起して理解することができる。
●予備知識があることによって，見学の感動や驚きが薄れる。

┌─ 事後学習としての利用 ─────────────────────────────
│ ○見学できなかったことやしっかり見てこれなかったことを，ＣＤによって情報の確認をすることができる。
│ ○実体験とＣＤの情報を比べて，学習を深め整理することができる。
│ ●見学は終わっているので，ＣＤでの情報を実際に確認することができない。
└──────────────────────────────────────

　実体験である見学とCDでの情報収集の併用は，利用の仕方によって大きな効果が得られた。この実践で，子どもたちは見学して理解した内容とCDの情報につながりのあることが分かった。また，その情報を利用することにより，見学に行くことができなくても，CDから情報を身近なものとして感じて利用することができるようになるのではないかと考える。
注）「弥富市たんけん」を利用した授業実践は弥富市立桜小学校教諭・尾崎裕美先生が行ったものである。

(5)　おわりに

　マルチメディア教材は，制作したものが授業で活用されなければ，制作の意味はない。「弥富市たんけん」は，授業での使用を常に意識し，子どもたちが自分で操作して学習を進めたり，学級全体で学習を進めたりすることができるようにとのコンセプトをもって制作を進め，弥富市内の7つの小学校に41枚ずつCDを配布した。弥富市内の小学校では，副読本「のびゆくやとみ」の補助資料として現在も多くの学校で活用されている。
　CD「弥富市たんけん」には，インタビュー，実況音，動画，地図，写真等を，子どもたちが使いやすいように配置した。無理のない操作ができるようにと，より多くの立場の人に意見をもらってこまめに手直しを行った。社会科の授業，総合的な学習の授業において，子どもたちの追究を少しでも助けることができたらと心から願っている。

(あま市立伊福小学校　宇野善久)

平山勉のワンポイントアドバイス

　宇野先生は，若いときから，アクティブに子どもの意欲を引き出す方策を数多く模索されてきました。
　本書の実践を読むと皆さんは，宇野先生はマルチメディアの達人のように思われるかもしれませんが，ホームページの作成を含め，この実践の頃，子どもの意欲を引き出す地域教材作成に携わられ，作成されたマルチメディア教材を地域の先生方に供給されました。こうした宇野先生の熱い思いを学んでほしいです。
　近年，マルチメディア教材の自主制作のノウハウも含め，後輩の先生方に助言なさる場面にもご一緒しましたが，そうした場面でも，制作者の意図をくみ取りながら，学習者にとっての改善点を指摘されるところは，皆さんも見習って欲しいです。

第6章

実践編④

学校づくり・教師づくりをどう進めるか

1 ホームページを活用した学校づくり
―保護者・地域のニーズに応える情報提供―

(1) 学校に求められるもの

今，学校に求められているものは，何であろうか。

かつて，学校に対する社会の要請は，知的能力の高い労働力・主権者を育てることにあった。学校はそれに応え，全国どこでも水準を同じくする教育内容を提供し，それにより日本は高度経済成長を実現した。

しかし，社会が成熟した今，学校の使命も変わってきている。価値観が多様化し，変化の激しいこれからの社会を生きていく力を育てることが，学校に期待されている。学習指導要領が，「生きる力」の育成を基本理念として掲げるのは，しかも，平成10年・20年改訂と初めて二期連続して同じ理念を掲げるのは，その期待の大きさを表している。

学校に求められるものが変化したことに応じて，学校の在り方も変わらざるを得ない。従来の，文部科学省→都道府県教育委員会→市町村教育委員会→学校という指揮系統の下で行われる全国一律の教育を脱して，多様で個性的な教育を展開していかなければならない。学校のことは，学校自身が，保護者や地域住民の意向を踏まえて決定し，そして，地域ぐるみで子どもたちを育てていく姿勢が必要となる。以上のことから，次の2点が結論となる。

第一は，学校・家庭・地域社会が，それぞれ適切な役割分担を果たしつつ，相互に連携して教育を行うことである。平成8年7月中央教育審議会答申「21世紀を展望した我が国の教育の在り方について」が，「相互連携」を謳ったのはこのような趣旨による。そのような相互連携の前提として，学校・家庭・地域社会の間に信頼関係がなくてはならない。この信頼関係を醸成するには，まず，子どもたちや学校についての情報を，家庭・地域と共有することが必要になる。そこで，学校からの適切な情報発信が重要になってくる。

第二は，学校が，保護者や地域の意向を受けて主体的に教育活動を進めるには，学校に権限が与えられ，自主的自律的な学校運営を行えるようにすることが必要である。平成10年9月中央教育審議会答申「今後の地方教育行政の在り方について」が，「学校の自主性・自立性」を謳ったのはそのような趣旨による。この自主性・自立性の前提として，学校が，校長の下，組織として一体となって教育活動を行っていなければならない。そこで，学校の組織が生きる学校経営があらためて重要になってくる。

(2) 事務職員の私がホームページの管理に携わった理由

学校という組織が生きる学校経営は，どうしたらできるであろうか。

学校の教育力は，個々の教職員の力量の総体である。しかしそれは，単純な和ではない。

第6章　実践編④　学校づくり・教師づくりをどう進めるか

個々の教職員の力が相乗効果をもたらし，一人一人ではなし得なかった効果を生み出してこそ，学校という組織で教育をなす意味がある。そのような効果を導き出すには，各教職員の活動が学校目標の達成に向けて調整され，調和していることが必要である。さらに，各教職員の力量が十全に発揮できる条件整備として，人・物・金・情報といった資源が有効に活用されていることが必要である。

　こういった学校経営は，校長のリーダーシップにより実現するものである。しかし，校長一人だけの力でうまくいくものではない。学校の教職員一人一人が，それぞれの役割や分掌に基づいて活動をする際，つねに，校長の教育方針を意識し，学校全体を見渡して，自主的・自発的に判断・活動していくことが必要となる。

　私は，事務職員であり，その中心的職務は給与事務や財務である。ホームページの管理に携わっている事務職員が多いわけではない。しかし，（学校全体を見渡して）適法性を確保しつつ情報発信を活性化するためには，行政職員という立場からホームページ管理に関わることが今後重要になると感じた。また，本校では，ホームページ担当者の異動により，更新が滞りがちであったため，ホームページを管理したことがあるという私の経験を生かすことが，学校経営に資すると考えた。さらに，本校の学校経営の重点目標の一つとして「学校を地域に開き，家庭・地域との信頼関係づくりに努める」ことが挙げられている。この点，ホームページはまさに目標実現に役立つ重要な資源であり，（校長の教育方針を意識し）その活用を考えることは学校の一員としてやりがいのある職務であると考えた。以上のような思いから，それまで校務分掌上の担当ではなかったホームページ管理について，担当の一人として関わることを校長に相談し了承を得た（自主的自発的に判断・活動していくこと）。

(3)　ホームページを生かす視点

　ホームページを活用し，学校から適切な情報発信をするにはどうしたらよいか。

　学校が情報発信をする際，ホームページが有効なツールとなることは論を待たない。それゆえ，多くの学校がホームページを開設し，日々の学校の様子を伝えている。問題は，ホームページの活用として，それで足りるか，ということである。

　ホームページの閲覧は，テレビやメールを見るような受動的な立場からではなく，多様な情報の中から，目的に応じて，能動的に選択をして情報を収集できることに特質がある。とするならば，学校のホームページも，日々の学校の様子を伝えることのみをもって事足れりとするのではなく，多様な目的や知りたいニーズに応じた幅広い情報を提供すべきであろう。

　これは，学校にとっても大きな意義がある。これまで，お便りや通信でしか，あるいは，電話でしか伝えられなかった情報を，ホームページという新しい方法を通じて伝えることができるからである。メールでの連絡とあわせて，提供の手段が増えることは，情報内容や場

面に応じて，よりよい方法で効果的に情報を伝えることが可能になる。

　本校においても，従来より，行事等の写真をホームページに掲載し，学校の様子を伝えることはしてきた。しかし，ホームページ担当者が一人で更新作業を行い，学校として保護者・地域と信頼を築くという戦略的な姿勢を欠いていた。そこで，校長・教頭・教務主任・校務主任・事務職員で学校経営について話し合う会議（本校では「五役会」と称する）で相談し，ホームページをより積極的に活用し，もっと多様な情報の提供を図ることとした。活用の途を探るに際しては，以下のような視点から考えた。

　一般に，インターネットのもつ「速報性」と「アクセスしやすさ」という特質に対応し，ホームページのコンテンツは次の2つに分類することができる。①どんどん追加更新していく情報（フローコンテンツ）と，②常に掲載しておく内容（ストックコンテンツ）である。行事の様子を伝えることは，このフローコンテンツにあたる。他方，ストックコンテンツは，「学校教育目標」や「学校へのアクセス」ページなどがこれにあたる。フローコンテンツを適切な頻度で更新することは，学校ホームページの基本的要件であり，これは引き続き継続していく必要がある。これに対し，ストックコンテンツについては，これまであまり注目してこられなかった。しかし，だからこそ，このストックコンテンツにおいて，保護者や地域住民の多様な「知りたい」目的に応えるべく開発する余地が大きいのではないか。このような問題意識から，ホームページのコンテンツの充実に取り組むこととした。

　ストックコンテンツとして，何を掲載するか。その可能性は広く，継続的な取組として充実を図るべきと考えるが，本校ではまず，次の三つの内容を掲載することから着手した。すなわち，ア　「学校ガイド」，イ　児童の作品や学習成果物，ウ　校区の歴史，である。

(4)　新たなコンテンツ掲載を通じた学校経営参画

ア　「学校ガイド」の掲載

　保護者が切実なニーズをもっているときの実際的なコミュニケーションツールは，学校への電話ということになる。そしてその内容は，多くの場合，次の三つに大別される。「連絡」「問い合わせ」「苦情」である。これらのうち，「問い合わせ」については，ホームページによる情報提供が有効な対応手段となりうる。このような観点から，本校では，"保護者に便利な学校マニュアル"をサイト上に構築することに取り組んだ。

　保護者からの問い合わせの電話では，既にお便りで知らせてあることについて確認を求められることがよくある。学校からの配布物を，きちんと整理して保管しておく家庭ばかりではないということである。そこで，いつでも見ることができるホームページにそれをまとめておくことにより，保護者のニーズに応えることができる。学校としても，問い合わせや間違いが少しでも減れば，わずかなりとも多忙化の解消につながる。

　以上のような趣旨を踏まえ，本校では，平成23年度，「蛭間小ガイド」というコーナーを

第6章　実践編④　学校づくり・教師づくりをどう進めるか

設け，次のような項目についてホームページ上に掲載した。

〔掲載項目〕
- ○教育目標　　　　○日課表（下校時間）　　　　○校区マップ
- ○災害共済給付　　○警報発令時の登下校　　　　○学校徴収金（集金額）
- ○転校するとき　　○健康管理　　　　　　　　　○保健室から
- ○ＰＴＡ　　　　　○予定表（中学校との連結予定）
- ○出欠席の取扱い(出席停止・忌引)　　　　　　○地震注意報発令時の登下校

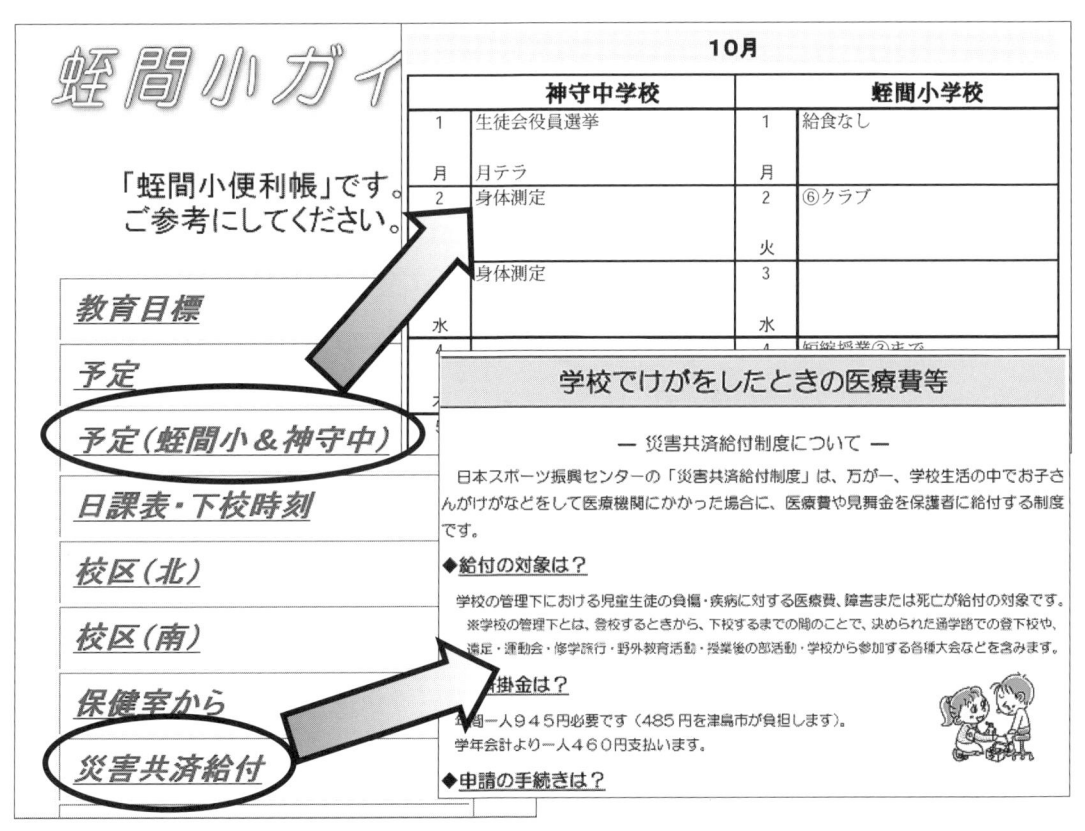

図6-1　学校ガイドのページ

　この「学校ガイド」の項目が役に立っているかどうかについて，平成24年9月，ＰＴＡ役員を対象にアンケートを実施した。その結果，ガイド各項目について，70％以上の方が「役に立つ」と回答し，とりわけ，「災害共済給付」（図6-1）や「出席停止・忌引」の項目については，88％の方が「役に立つ」と回答している。

　また，ガイドの中には，小中学校の予定を連結した月予定表を掲載している。（図6-1）これについては，「小学校と中学校の両方に子どもがいる場合，とても役に立つと思います」などの回答が寄せられ，特に好評であった。

101

イ　児童の作品や学習成果物の掲載

　子どもたちが作った作品をホームページに掲載している学校は意外と少ない。しかし，保護者にとって，わが子の作品はもちろん，友達や近隣の子の作品を見ることができれば，家庭内での話題づくりになるはずである。また，地域の人たちにとっても，子どもたちの作品を見ることができるなら，子どもたちをより身近に感じられるであろう。以上のような趣旨により，平成24年度，「児童会だより」や「こどもたちがつくりました」のコーナーを設け，積極的に子どもたちの作品を掲載することにした。（図6-2）なお，図6-2にある「キャンプの思い出」ページは，5年生の子どもたちに「学校のホームページであなたの思い出を伝えませんか」と呼びかけたところ応募してくれたものだが，掲載後の子どもたちのうれしそうな顔が忘れられない。

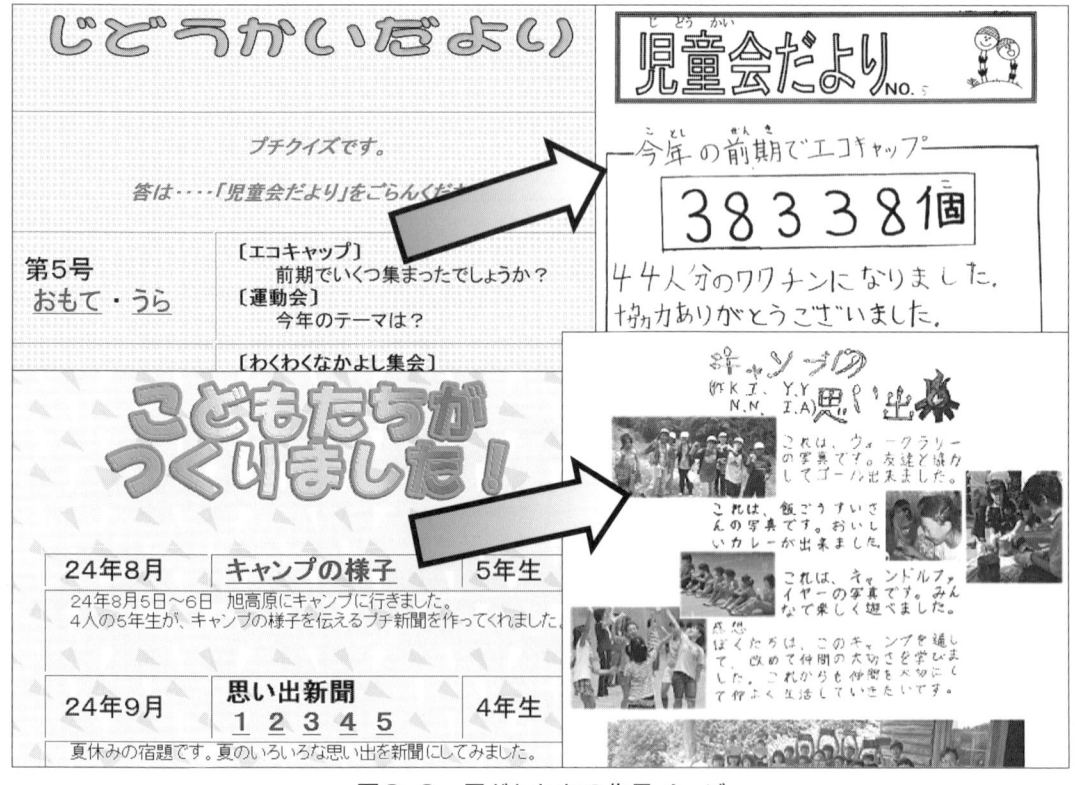

図6-2　子どもたちの作品ページ

　子どもたちの作品の掲載については，これを一過性のものとせず，年度版としてストックしていく予定である。これにより，年を重ねるごとにギャラリーとしての厚みが増すことになる。そうすれば，それを見る子どもたちは，先輩の作品を見て，自分たちの創作のエネルギーにかえることができる。さらに，子どもたちの作品の蓄積が，学校の伝統を織りなすものとなれば，"自分たちの学校"として，地域の中で愛着が深まることになろう。

第6章 実践編④ 学校づくり・教師づくりをどう進めるか

ウ 校区の歴史の掲載

地域のニーズに応えるコンテンツについては、どのようなことが可能であろうか。

ここで、SWOT分析の手法を参考に、学校の強みを探ってみた。SWOT分析とは、学校をとりまく内外の環境を、強み・弱み・脅威・機会というマトリクスでさぐる方法である。文部科学省が組織マネジメントの手法として研修に取り入れており、これを参考に、コンテンツ作成に有利な条件を探ってみた。

学校のもつ強みはなんであろうか。いくつかある中から、今回は、学校には教師というスペシャリストがいるという点に着目した。学校の重要な役目は文化の継承であり、教師はいわばその伝道師と言えよう。そして、子どもたちに伝えるべきものがある、ということは、それはそのまま、地域の方と共有すべき文化を担っていると言える。

以上のような趣旨を踏まえ、本校では、平成23年度、「校区の歴史」というコーナーを設け、蛭間小校区の地名の由来等についての記事を掲載した。（図6-3）これは、歴史の研究に造詣の深い浅井厚視氏（あま市教育委員会）が、本校に在籍したとき発行したお便りから、関係する記事を集めて掲載したものである。これは、学校ホームページが、地域のことを学ぶ子どもたちの教材として活用できる可能性を示す。そして、それは、地域の方にとっても学びの材料として役立つものと考える。

〈蛭間小校区　地名の話1〉

(1) 弥生～古墳時代の蛭間小校区

蛭間小校区には「寺野」という地名があります。

寺野という地名は、その名前からわかるようにお寺が近くにあったためついたと考えられます。

江戸時代に地名を研究した津田正生という学者は「むかし17の寺があったという。

図6-3　校区の歴史のページ

(5) リスクとコストに対する対応

ホームページによる情報発信は、メリットばかりではない。そこには、危険や負担も伴う。そこで、これに対する対応策を進める必要がある。

ア 個人情報に対する配慮

ホームページに個人情報を掲載する際には慎重な配慮を要する。個人情報とは、個人を識別することができる情報ととらえられる。写真の掲載も、個人が特定されない形で掲載する必要がある。一般的には、集合写真は特定できないものとして考えることができるが、人格権（肖像権やプライバシー権等）を尊重する趣旨も考慮し、個別的に慎重な判断を要する。

もっとも，写真や個人に関わる情報を一切掲載しないとすれば，ホームページの情報提供機能は大きく損なわれる。ニーズに応える適切な情報発信のために機動的な運用が必要な場合もある。そこで，目的・方法・範囲等を明確にして，あらかじめ包括的な同意を得ておくことが適切である。本校においても，年度当初のＰＴＡ総会において同意を得ている。そして，ホームページの掲載内容が，あらかじめ得た同意の範囲内であるかどうか，更新の度に複数の目でチェックする必要がある。本校においても，掲載内容について校長・教頭・教務主任・校務主任のチェックを経たうえで掲載している。

　さらに，ホームページのチェック体制について，これまで暗黙知として了解されていた事項について，明文の内規として文書化することとした。五役会にて協議を経て，平成24年度より，ホームページ管理の指針として位置づけた。これにより，改めて意識啓発を図るとともに，個人情報保護に関する学校の説明責任にも寄与するものと考える。

イ　担当者の負担軽減

　(ア)　ホームページの困難なところは，それを作ることではなく，その後継続して管理し，更新していくことである。ここに，継続的な人的・時間的コストがかかるからである。

　この点，今回充実を図っているストックコンテンツについては，作ることにコストはかかるが，一旦ホームページにアップすれば長期間有効性を保持する。その意味で，費用（負担）対効果が高いものといえる。

　(イ)　ホームページの管理については，その負担が担当者に集中することも問題となる。これは，コンテンツ作成や管理に，ある程度技術的な知識を要するからである。これに対しては，校内の組織作りとＰＤＦファイルの活用で対応した。

　まず，学校の組織体制を整えた。平成23年度よりホームページ作成委員会を立ちあげ，校内組織として位置づけた。校長・事務職員・校務主任・低中高学年各代表・コンピュータ主任より構成し，内容の協議，作業の分担，各学年との連携の強化を図った。

　ただし，委員会の立ちあげは，それ自体に人的・時間的コストを伴い，これが大きければ本末転倒となりかねない。そこで，重要な相談を行う際には集合して会議を開催する一方，普段は，空き時間を利用した個別の相談や文書の回覧により実質的な相談・連絡を図った。低・中・高学年代表の先生からは，委員としての立場から，ホームページの作成について積極的に意見をいただくことができた。関係者に当事者意識をもってもらい，日常的に報告・相談できる体制として機能させたことで，コスト以上の効果を上げることができた。

　さらにホームページの原稿は，一太郎やワードといった一般的なソフトを用いて作成し，それをＰＤＦというファイル形式に変換することで，ホームページの内容に使えるようにした。このＰＤＦファイルの活用で，誰でも慣れたソフトを使ってホームページの原稿を作成することが可能となり，人的コストの分散を図ることができた。また，紙で配付するお便りや資料をそのまま流用することができるという点で，時間的コストも大幅に削減できた。

第6章 実践編④　学校づくり・教師づくりをどう進めるか

(6) 今後の展開

　たとえば，学校ガイドの掲載に対しては，保護者から高い支持を得られた。しかし，もともとこのコンテンツについて「作って欲しい」と言う声があったわけではない。保護者や地域のニーズを掘り起こす新たなコンテンツを提案していくことで，潜在するニーズを探り，これに応えていくことができた。今後も，たとえば学校評価等に表れる関係者の意見・視点を生かすなどして，公開・公表に耐えるコンテンツ開発を積極的に試みる必要がある。

　現在，蛭間小学校では，学校評価の結果をホームページ上で公開している。今後は，学校からの配付文書やお便りを掲載し，検索できるようにすることも検討している。逆に，ホームページ上に掲載した内容について印刷物として配付すれば，PCのない家庭にも整理した情報を提供できる。このように，ホームページ上に学校情報を集約し，学校や保護者がいろいろな場面でこれを活用できるようにすれば，ホームページに一種のデータベース機能をもたせることが可能になると考える。

　また，学校ガイドの項目の一つである小・中学校連結予定表を作成する過程で，中学校区内の各小・中学校の事務職員が協力してガイドページを作成する実践ができた。今後，このような学校間の連携をより深めることで，いっそう機動的で多様な学校経営への参画が可能となる。

　さらに，地域のいろいろな主体との連携を深めるチャンネルとして，ホームページを活用する途もある。たとえば，児童クラブや地域コミュニティといった学校に関わる団体が，活動について発信する場として，学校のホームページを利用する等である。自主・自律を確立した学校が，地域ぐるみの教育の拠点となり，学校に関わるみんなの思いを発信するツールとしてホームページを活用するようになることを願うものである。

　　　　　　　　　　　　　　　　　　　　　　　　（津島市立蛭間小学校　大野正親）

平山勉のワンポイントアドバイス

　若手教員及びこれから教師を目指す皆さんは，授業づくりをともすると教師の個人の仕事と狭くとらえがちです。しかし，大野氏のような学校事務スタッフのサポートがあり，学校長，教頭，そして，地域の教育委員会，さらに保護者らと密接に連携することではじめて骨の太い授業づくりができることを学んで欲しいです。

　学校の行事や授業の内容を学校のホームページで発信していくことは，保護者にとっては大いなる関心事であり，それらの積み上げを通して，保護者との信頼感も構築されていきます。しかし，一方で児童の個人情報の保護の観点も重要で，そのための信頼構築，手続きの確認も見過ごすことはできません。大野実践を通して，こうした学校づくりとの観点から教師の役割を考えて欲しいです。

2 若い教師を育てる
―「校内若手教師研修会」の実践から―

(1) はじめに

　今，学校現場では様々な問題に対して，若い教師に限らず非常に難しい対応に迫られている。「学級がいつもざわついていて落ち着かない」「子どもが反抗的でいうことを聞かない」「授業が思うように進まない」「保護者から何度も苦情が来る」などの理由で心を病み，休職や退職をしてしまう教師もいる。せっかく熱意と意欲をもって教師という職業についても，おそらく現実と理想のギャップに戸惑ってしまうのであろう。私も，若い頃は教師という仕事がつらくて辞めたいと思うことがあった。子どもを思うように指導できず感情的になってしまい，独り更衣室で泣いていたことを今でも覚えている。実力がなく，教育の技術や方法も何ももっていない自分に腹立たしささえ感じていた。

　しかし，私は職場の仲間に大変恵まれていた。何でも相談できる同期の仲間や先輩の先生方がいた。授業が上手くいかないときは，「先生の授業を見せてください」とベテランの先生に積極的にお願いして実際に見せていただいた。教材研究や教材づくりをするときには，同じ学年の先生に相談しながら進めた。職場の人間関係で悩んだときは，勤務後に同期の先生を誘い，喫茶店などで話を聞いてもらった。

　そして，周囲の先生方から教えていただいたことや教育書から学んだことなどを，試行錯誤しながら実践していくうちに，次第に子どもたちが変わってくるようになった。一工夫した教具を使ったり，算数の問題をゲーム化して関心をもたせたりしたときには，授業中の子どもたちの集中力や目の輝きが違っていることに気付いた。子どもがけんかしたり話しかけにきたりしたときには，たとえ忙しくても顔を見ながら「うん，うん」とうなずきながら，まず子どもの話を聞いてやるようにすると，やんちゃな子どももきちんと私の話を聞くようになった。

　しかし，教師の仕事は年々多忙化してきている。問題行動の対応やセキュリティ化された成績処理事務，情報機器を使った授業展開の工夫などに時間をとられ，相談したくてもなかなか時間がとれないのが現状である。

　そこで，若い先生方が悩みや困り事を気軽に話し合える場を設けたいと考え，校内で若手教師を対象に月1回程度の自主研修会を行うようにしている。子どもの可能性を伸ばしたい，未来ある子どもたちを育てたい，そんな志をもった若い教師が育つことを願って行っている。

　以下自主研修会で行った内容を紹介していく。

写真6-1　若手教師自主研修会

第6章 実践編④ 学校づくり・教師づくりをどう進めるか

(2) 研修会Ⅰ「社会人として」

ア 素直な返事「はい」で築く人間関係

―――――――――――― 事例〈夕方，職員室の中で〉――――――――――――
私　　　：「A先生，ちょっと運びたい物があるのだけど，重いからちょっと手伝っても
　　　　　　らえる？」
A先生：「えっ，ぼく今日体調があまりよくないのに部活やって，すごく疲れているので」
B先生：「あっ，先生，私がお手伝いしますよ」
※私とB先生が大型の移動黒板を2階から1階に階段を使って運び終える間，A先生
　は机に向かってただひたすらプリントの丸付けをしていた。

　A先生は，20歳代の男性教師である。若い男性教師なら力もあるし，声を掛ければきっと手伝ってもらえるだろうと当然のように考えていたが，期待はずれの返答に唖然としてしまった。このときに「私が手伝います」とすぐに声を掛けてくださったB先生は，50歳代の女性教師で，やはり部活動を終えて職員室にもどってきた直後だった。しかし，疲労の様子も見せずに，このときの私の少し困った表情を瞬間的に見抜き，気を利かせて手伝ってくださった。さらに，B先生に続いて，「私も手伝いましょうか」と声を掛けてくださる先生が他にも何人か出てきた。

　A先生は，本当に体調が悪かったのであろう。しかし，職場の同僚であり，しかも先輩である教師の頼み事に対して，もう少し違った返事の仕方はなかったのだろうか。このときに，A先生が「はい，ちょっと疲れていますが，がんばってみます」とか「はい，お手伝いしたいのですが今日は体調がよくないので，明日の朝でもいいですか」と答えていたら，どんなにA先生に対する信頼感が違っていたことだろうか。

　体調が悪いときや都合がつかないときは，無理をせずにはっきりと理由を伝えて断ればよい。しかし，教師は人を相手にする仕事であるだけに，子どもであろうと大人であろうと相手の気持ちを思いやりながら受け答えができるようにすることが大切である。対人関係が上手につくれるよう言動には十分注意したい。

―――――――――――― 若手教師へのアドバイス〈こんな返答を〉――――――――――――
◆「はい，すぐに行きます」
◆「はい，初めて取り組むので，時間がかかるかもしれませんが挑戦します」
◆「はい，○曜日までに準備しておきます」
◆「はい，分かりました。準備しておきますのでやり方を教えていただけますか」
◆「申し訳ありません」（※失敗をしたり間違えたりしたときは，素直に謝る）

イ TPO（時・場所・目的）に合わせた服装で好感度アップ

―――――― 事例〈家庭訪問の日のこと〉 ――――――
C先生：「今から家庭訪問に行ってきます」
　私　：「あれ，C先生。スーツに着替えないのですか？」
C先生：「はい，服は持ってきているのですがストッキングを忘れちゃって……」
　私　：「私のでよければ，予備を持ってきているので貸してあげますよ」
　　　　「それからC先生，そのロングヘアー素敵だけど，束ねていった方がいいですよ」
C先生：「は～い，ありがとうございます。着替えたらすぐに出かけていきます」

　児童を下校させた後，慌ただしくスーツに着替えて家庭調査票をかかえながら家庭訪問に出かけていく先生方に混じって，職員室を出かけようとするC先生の服装はジャージー姿であった。
　C先生は，ジャージーなら普段子どもと一緒に活動している服装であるし，かまわないだろうと軽く考えていたのかもしれない。しかし，保護者の側からするとどうであろうか。新学期が始まり，新しく担任になった先生をお迎えするということで，家庭訪問時には，きっと玄関周りをきれいに掃除したり，どんなことを担任に話そうかとあれこれ考えたりしながら期待感と緊張感をもって待っているに違いない。自分の子どもが世話になっている「先生」に対して敬意を表する保護者も多いはずである。それなのに，普段着やジャージー姿で訪問するということは，やはり保護者に対して礼を失することになる。最初の印象が大切である。「この先生なら安心して子どもを任せられそうだな」と感じてもらうためには，教師の話し方や仕草はもちろんのこと，清楚で好感のもてる身だしなみができるよう細心の注意をはらうことが必要である。服装をきちんと整えると不思議と気持ちも引き締まり，言動に品格が備わるものである。
　子どもと一緒に遊んだり体育の授業をしたりするときに活動しやすい服装と，授業参観や個人懇談会など保護者と接するときの服装をきちんと使い分けができる教師でありたい。もちろん，出張へ出かけたり外部の来校者と対応したりするときの身だしなみにも十分注意したい。

―――――― 若手教師へのアドバイス〈身だしなみに気を付けたい日〉 ――――――
◆授業参観，学校公開日，個人懇談会，学年・学級懇談会，家庭訪問
◆校外学習引率（見学場所・学習内容にもよるが）
◆PTA活動（活動内容による）

第6章　実践編④　学校づくり・教師づくりをどう進めるか

ウ　顔が見えないからこそ大切にしたい電話対応

事例〈近隣の学校へ電話をかけたときのこと〉

　私　　：「もしもし，○○小学校の△△ですがいつもお世話になっています」
　D先生：「はあ，どうも」
　私　　：「お忙しいところ申し訳ありませんが，E先生はいらっしゃいますか」
　D先生：「あっ，はい」
　※電話口で保留メロディー音を聴きながらしばらく待たされた後，ようやくE先生と話をすることができた。

　私は，E先生に用件を話し終わってから，つい電話の対応をしてくださった教師のことを聞いてしまった。教師2年目のまだ若い教師であるということであったが，受話器の向こうから聞こえてきたぶっきらぼうなD先生の受け答えに，やや幻滅を感じた。小学生でも，もう少しきちんとした対応ができるであろうと。

　ひょっとしたらこの教師は「職員室にかかってくる電話は自分の仕事ではない」と考えていたのかもしれない。しかし，職員室での電話対応も教師の仕事の一つである。大抵の学校は学校事務職員や教頭が対応することが多いが，担任として保護者に連絡をすることもあるし，逆に保護者から欠席連絡や子どもに関する問い合わせ等でかかってくるときもあるため，明快で丁寧な電話対応が必要となってくる。姿の見えない相手だけに，一言一言言葉を選んで話すくらいの慎重さが必要である。言い方一つで保護者を怒らせてしまい，トラブルになった事例もある。また，電話をとるときは，できれば3コール以内で受話器を取るようにしたい。

　電話対応のまずさは，職場全体の評価に大きく関わってくるので，その教師個人の問題では済まされない場合がある。受話器の向こうから見知らぬ相手の問い合わせに，とっさに返答できないときもあるであろうが，相手に不信感や不快感をもたれない電話対応術を身に付けたいものである。

写真6-2　電話口でもにこやかに

若手教師へのアドバイス〈電話対応練習〉

◆「はい，○○学校の△△でございます」
◆「いつもお世話になっております」「こちらこそお世話になっております」
◆「呼び出しをしますので少々お待ちください」
◆「もしよろしければ，ご伝言を承りますが」

エ　研修会，研究大会の勧め

―――――― 事例〈研修に出かけよう〉 ――――――

　私　　：「F先生，今年度の研修視察用の予算がまだ残っているのだけど，どこか勉強
　　　　　 に行きたいところある？」
　F先生：「行ってもいいんですか。すぐに探しておきます」
　……数日後……
　私　　：「F先生，どこかいいところ見付けた？」
　F先生：「それが，まだ見付かってないのですよ……」

　研修に行きたいと意気込みを見せたG先生であったが，仕事が忙しくて探す時間がなかったのか，あるいは研修先をどこにしようか迷っているのか，なかなか研修先が見付からない様子であった。

　教師のための研修会や研究会・研究発表を行っている学校が，全国にはたくさんある。もちろん校内で，先輩教師から直接指導方法を学んだり，教育関係の専門書等から学んだりすることも多い。しかし，他校で行われている研究会や研究授業を参観することも，授業力を身に付ける手立ての一つとして重要である。私は，自分の子どもの授業参観にも可能な限り出かけるようにした。1時間の授業参観の間に全学級を参観し，教材や教室環境づくりで「これはいいアイディア！」と思ったものは真似をして，授業や学級経営に生かすようにした。自校の学校行事や日々の教材研究，部活動に追われて，研修に行っているゆとりがないと考える教師もいるだろうが，ぜひ学校外の研修会参加を勧めたい。さらに，研修してきたことをA4用紙1枚程度に簡単にまとめておくと良い。研修先でメモしたことをもう一度見直してまとめておくことで，研修内容がより明確になり今後の実践に生かすことができる。

　各学校にも研究発表案内や要項が配布されるが，インターネットや教育新聞等にも研究会開催スケジュールが満載されている。ぜひ，最新の教育技術を参観し授業力アップに役立てたい。

―――――― 若手教師へのアドバイス〈利用しやすい研修案内サイト〉 ――――――

◆教育出版：研究会・研修会　http://educonet.jp/open/schedule/search.phtml
◆開隆堂出版：研究会情報
　http://www.kairyudo.co.jp/contents/06_information/study/index.htm
◆小学館ファミリーネット：教育技術.net 研究会・研修会カレンダー
　http://family.shogakukan.co.jp/cgi-bin/teachers/kyogi/semical/index.cgi
◆明治図書：研究会情報　http://www.meijitosho.co.jp/eduzine/study/

（平成25年1月現在）

第6章　実践編④　学校づくり・教師づくりをどう進めるか

(3) 研修会Ⅱ「授業を大切にする教師として」

―――― 事例〈授業を参観して〉 ――――
私　　　：「H先生，子どもに話をするときに『え～』を付けて話すことが多いですね。聞きづらいですよ」
H先生：「はい，気を付けます」
私　　　：「I先生，読み聞かせするとき語尾がいつも上がりますね」
I先生：「気付きませんでした」
私　　　：「J先生，机間指導のとき前の方の席の子しか指導してないですよ」
J先生：「時間がなくて後ろの席まで行く余裕が……」

　人の授業を見ていると，教師の話し方や仕草，支援の仕方などいろいろなことによく気が付く。しかし，自分はどうであろうか。子ども相手にゆっくり話しているつもりでも，結構早口でしゃべっていることがある。話し方に抑揚がなく，大切なことが伝わらないときもある。児童が主体的に活動できる授業を目指そうと思いながらも，教師主導型で一方的に話をして授業が進んでいることもある。例を挙げればきりがないが，意外に自分のことは分かっていない。子どもに指導していることが，実は教師自身ができていないことも多い。

　特に，小学校は教師と子どもが接する時間が長いためか，教師の口癖や話し方が何となくクラスの子どもに似てくるものである。「子どもは親の鏡」と言うが，いい意味で「子どもは教師の鏡」と言うことを肝に銘じておきたい。

　まずは，常に自分の授業を振り返り，謙虚に反省したり見直したりすることが必要である。そのためには以下のような方法を試みるとよい。

ア　模擬授業による授業研究

　本校では，若手教師が研究授業を行うときは事前に模擬授業を行うようにしている。授業者以外は子ども役となり，本番通りに授業を進め，授業者の発問や板書の仕方などを検討するのである。子どもの立場に立ち，資料を有効に活用するにはどのタイミングで提示したらよいのか，どのような発問の仕方が課題に取り組みやすいのかなど意見を出し合い，よりよい授業づくりをしていくのである。

　若手教師が，2年生の国語「お手紙」（著者：アーノルド＝ノーベル）＜光村図書＞の模擬授業をしたときのことである。この作品は「がまくん」と「かえるくん」という2匹のかえるが登場し，一度も手紙をもらったことのないがまくんのためにかえるくんが手紙を書いてあげるという物語である。手紙が届くのを待つ二人（擬人化）の気持ちを想像し，

写真6-3　模擬授業の様子

物語を読む楽しさを味わわせる単元である。

　授業者は二人の会話文から気持ちを想像させていたが，模擬授業をする中で，子ども役をしていた教師から，「親友」という言葉の意味をきちんと確認することが必要ではないかということを指摘された。そこで，授業者は，「親友」という言葉に着目させ，「友達」と「親友」には違いがあることを押さえた授業展開を試みた。児童は，「先生も親友はいるの」と，単元内容とは全く関係のないつぶやきが飛び出すなど，その言葉に興味を示し，本文の中に出てくる「親友」という言葉を意識しながら，がまくんとかえるくんの関係をより深くとらえるようになった。

　こうして，模擬授業で何人かの教師が集まり意見を出し合うことで，自分の考えとは違った新たな教材解釈や，発問，資料提示，板書等の確認ができるのである。

イ　授業診断表の利用

　授業の中で，まとめとして児童に振り返り表や反省カードなどの自己評価をさせることがある。しかし，教師自身も，1時間の授業を振り返り，その反省を基に次時の授業づくりをしていくことが大切である。

　研究授業後は，参観した教師に授業診断表（資料6-1）の記入をお願いするとよい。発問，板書，机間指導，表情などの項目を5段階で評価してもらうのである。また，授業参観日に保護者に記入してもらうのもよい。

資料6-1　授業診断表

授業診断表		
		月　日　（　）
授業者	教科・単元	

★5段階評価をしてください。
（5：大変良い 4：だいたい良い 3：普通 2：もうひとがんばり 1：努力が必要）

1	発問が明確である。	1　2　3　4　5
2	板書が丁寧で，1時間の流れが集約されている。	1　2　3　4　5
3	目的がはっきりとした机間指導をしている。	1　2　3　4　5
4	支援の必要な児童に声をかけている。	1　2　3　4　5
5	明るく笑顔で授業を行っている。	1　2　3　4　5

ウ　ビデオ撮影による自己分析

　授業分析をするのに，ビデオや録音テープを使い授業記録をおこして分析する方法がある。特にビデオからは，映像による教師の発問や説明，切り返しの仕方，子どもの反応などの確認の他に，何よりも教師の表情や仕草のチェックができる。子どもたちの前に立つ教師が仏頂面で授業を進めていては，それだけで子どもは授業に興味を示さなくなってしまう。子どもは教師の表情にとても敏感である。教師の笑顔や手振りや身振りを入れて子どもを引きつける話し方は，教師の授業力の一つでもある。自分が映っているビデオを見るのを嫌がる教師もいるが，再生して見てみると，今まで気付かなかった話し方の癖や余分な仕草などに気付く。

　最近は，録画機能を備えたデジカメが手軽な値段で販売されている。教室の後ろにビデオを固定して撮影すれば，自分一人でもできる。普段の授業でもいいので，一度はビデオで自分の授業を撮影してみるとよい。

(4) おわりに

「あなたは，どうして教師になったの」と聞かれたら，どう答えるであろうか。私は，胸をはって「子どもの笑顔が好きだから」と答える。実は，若いころは子どもに対して「何で私の言うことを聞いてくれないのだろう」「何で決めたルールがちっとも守れないのかなあ」「『先生，先生』って，すぐに聞きに来るからいちいち答えるのに疲れちゃうなあ」等，正直言って教師の大変さしか感じなかった。しかし，算数の時間に問題を解いていた子が突然「あっ，この問題分かった！」と，言って見せたうれしそうな顔。友達にいたずらをしたため厳しく叱ったにもかかわらず，休憩時間に「先生，一緒に遊ぼう」と寄り添ってきた子ども，けんかをした後で嫌な思いを一生懸命訴えてくる真剣な目。そんな生き生きとした子どもたちと毎日接しているうちに，子どもが大好きになった。一人一人の声に耳を傾けられるようになった。子どもの気持ちを大切にしたいと思うようになった。

子どもの成長を願う教師は，常に子どものことを考えて授業づくりや学級経営をしている。そうすることで，自然に教師としての力が身に付いていくものである。教師になった理由は人によって様々であろう。でも，ぜひ子どもを好きになり，一人一人を大切にする教師であってほしいと願う。

(東浦町立生路小学校　水谷彩誇)

平山勉のワンポイントアドバイス

前節の大野実践に引き続き，教師は先輩との学び合いがいかに大切であるかを水谷先生の文書から学んで欲しいです。そして，教師間の人間関係づくり，子どもとの人間関係づくり，保護者との人間関係づくり等の積み上げで，一人前の教師に成長していくことを再確認したいものです。

若手の時は，水谷先生のような卓越した先輩教師に教えを請うこともできますが，年月が経つとアドバイスする人が少なくなってきます。自分のサポーターが自分であるためには，水谷先生が紹介されているように，自身の実践をビデオで記録し，自分で振り返る姿勢を踏襲して欲しいです。

3 授業づくりのエネルギーで学校は活性化する
―生路小学校の「授業実践研究フォーラム」開催までの軌跡―

(1) 「教育のプロ集団」として、そのエネルギーをどこに向けるか

　教師は教育のプロであり、その力量が一番問われるのは授業においてである。愛知県知多郡東浦町立生路小学校は、経営方針を「全職員が教育のプロとしての自覚を持ち、日々研鑽に努めるとともに、協力して、生きる力を育む教育活動を展開する」としている。しかし、日々の忙しさに追われ、教師のエネルギーが授業における力量の向上に注がれる姿はあまり見られなかった。授業の公開も少なく、研究発表会に自ら参加しようとする教員もほとんどいなかった。

　教師のエネルギーが、学力を獲得させる場である授業に多く注がれれば、それは直接子どもたちの幸せにつながる。そして、一つの学校の教員が、「教育のプロ集団」として協力して授業にエネルギーを注ぎ込めば、学校の活性化につながる。子どもたちに学力を獲得させるということは、子どもたち自身が、保護者が、そして社会が、最も学校に求めていることであり、学校が果たすべき一番の役割だからである。

　生路小学校では、平成22年度から校内研修（現職教育）のテーマを「確かな思考力・判断力・表現力を身に付けた児童の育成」に変え、全職員のエネルギーを授業での力量向上に向かわせる機会を狙っていたが、絶好の機会が平成24年度にやってきた。

写真6-4　愛知県知多郡東浦町立生路小学校

(2) 「ことばの学習活性化推進事業」の委嘱を受けて

　愛知県教育委員会は、新学習指導要領に示された言語活動の充実に向け、平成23年度から「ことばの学習活性化推進事業」をスタートさせた。3年間の事業で、毎年度8市町村の教育委員会に研究の委嘱を行うというものである。

　平成24年度、東浦町教育委員会が委嘱を受けることになった。生路小学校は、実践中心校に名乗りを上げ、この事業への取組を通して学校の活性化を図ることにした。そして、「12月に生路小学校で東浦町授業実践研究フォーラムを開催する」というプロジェクトを年度当初に立ち上げ、全職員で授業づくりの研究と実践に取り組んでいった。

第6章　実践編④　学校づくり・教師づくりをどう進めるか

(3) もっと授業がうまくなりたいから，このフォーラムを開催する

この授業実践研究フォーラムのキャッチコピーを「わたしたちは，もっと授業がうまくなりたいから，このフォーラムを開きます」とした。フォーラムを研究成果の発表の場とはせず，公開した授業を基にして行う研究協議での意見交流を通して，参加者が互いに授業における教師の力量を高め合う場にしたいと考えた。そして，「うまい授業をやろうと思わず，研究協議に耐えうる授業をしよう」を合言葉に，研修を進めていった。

平成24年12月4日に，県内外から150名を超える教員・教育関係者にお越しいただき，授業実践研究フォーラムを開催した。参加者の多くから高い評価をいただくことができたが，それは公開授業が良かったからではなく，参加していただいた方々に授業づくりについて考える機会を提供することができたからだと思っている。このことは，後で紹介する「フォーラム参加者の意見・感想」から読み取っていただけるであろう。

(4) 授業実践研究フォーラム開催に向けた体制づくり

ア　研究テーマ・対象分野・授業者の決定

生路小学校では，平成22年度から児童の「聴く力」を高める研究に取り組んできた。これは，学習指導要領の大きな柱である思考力・判断力・表現力を向上させるためには言語活動の充実が不可欠であり，言語活動の中でまず高めなければいけないのが「聴く力」だと考えたからである。つまり，聴くことを通して，他者の意見と自分の考えを比較することで，思考力・判断力・表現力を高めようと考えたのである。

平成22年度からの2年間の取組で，「静かに聴く」「話す人を見て聴く」などの聴く態度は十分に育ってきたが，「聴く」から「考えて」「表現する」になかなかつながらないという課題があった。そして，この課題を解決する鍵は「対話」と「吟味」にあると考えた。「対話」とは「耳で聴く→受け止める→つなげる」の繰り返しであり，「吟味」とは「他者と自分の考えを比較し，他者の考えの良い所を取り入れて自分の考えを再構築すること」であると捉えている。

授業実践研究フォーラムを開催するに当たり，研究テーマを「対話と吟味の中で，学び合い，深め合う児童の育成」とし，「授業の中で対話する力を高め，その対話を通して吟味できる子どもたちの育成」を目指した。そして，対話する力を高め，その対話の中で自分の考えを吟味する力を育てるために，授業の「山場」に焦点を当てることにした。授業の「山場」とは一番ねらいに迫るところであり，

写真6-5　朝会で「対話」と「吟味」についての話を聴く子どもたち

中心発問が行われるところである。

　また，研究の中心となる分野を，国語・道徳・キャリア教育にした。その理由は，下記の通りである。
- 国語は，言語活動を充実させていく上で，その基盤となる教科である。
- 道徳は，授業の山場での中心発問をどうするかを考え，話し合いを教師がどうコーディネートするかを研究するのに最も適している。
- 平成23年度から生路小学校の教師が，愛知県総合教育センターの「発達段階に応じたキャリア教育の在り方に関する研究」の協力委員になった。その研究のねらいの一つである「コミュニケーション能力の向上」は，生路小学校が進める研究のねらいとも合致する。互いの研究成果を生かし合い，併せて生路小学校の職員がキャリア教育への理解を深めていくために，キャリア教育を本年度の研究の一部とする。

　12月に開催する授業実践研究フォーラムでは，5学級の公開授業と研究協議会を行うことにした。授業者については，まず現職教育主任と道徳教育主任の2名が自ら授業を行うと名乗り出た。それに触発され，続いて若い3名の国語科の教師も手を挙げた。その結果，国語3学級，道徳1学級，キャリア教育1学級で公開授業を行うことになった。

イ　3人の講師の招聘と授業づくり研修

　委嘱を受けた「ことばの学習活性化推進事業」は，「言葉のスペシャリストや言語活動指導者による授業づくり」が，事業内容の一つとなっている。そこで，次の3名の方を講師として招聘することにした。
- 国語講師…須佐宏氏（和歌山市教育委員会指導主事）
- 道徳講師…前田治氏（愛知県東海市立加木屋中学校長）
- キャリア教育講師…山口雅俊氏（愛知県総合教育センター研究指導主事）

　国語の須佐宏氏は，「対話と吟味」について先駆的に研究を進めている和歌山大学教育学部附属小学校で，平成23年度まで研究企画長としてその研究の中心を担ってきた。遠方ではあるが，本校の授業づくりの研修を進めていくのに最もふさわしい講師であると考え，校長が自ら和歌山市まで出かけて講師の依頼をした。道徳の前田治氏は，この知多地域の道徳指導の第一人者である。「考えて話し合う授業」の研究を長年にわたって行っている。また，キャリア教育の山口雅俊氏は，愛知県総合教育センターが進めている「発達の段階に応じたキャリア教育の在り方の研究」の担当研究指導主事である。

写真6-6　授業実践研究フォーラム「対論」での須佐宏講師（左）と前田治講師（中央左）

第6章 実践編④ 学校づくり・教師づくりをどう進めるか

　以上の3人を講師に迎え，12月の授業実践フォーラムまでに13回の授業づくり研修を計画した。その内訳は次の通りである。
- 講師による国語の授業づくり研修…4回
- 国語の実践授業検討会…3回（授業記録をもとに実施した授業の検証を行う）
- 講師による道徳の授業づくり研修…4回（うち1回は道徳の実践授業検討会）
- 講師によるキャリア教育研修会…1回
- 教育委員会による学校訪問…1回（研究協議を伴う公開授業を2学級，研究協議を伴わない公開授業を他の全学級で行う）

(5) 授業づくりへの取組

ア 「学びの風土」づくり

　授業の中での対話を充実させるためには，何よりも学級の中に，他者の意見を受け止め，認めることができる，聴き合える人間関係や雰囲気がなければならない。そこで，担任は4月から聴き合える学級づくりに取り組んでいった。まず取り組んだのが，教師自身が児童の話をじっくり聴くことである。また，授業の中でペアやグループでの話し合いを繰り返して行っていった。効果的であったのは，朝の会や授業開始時に行った「ペア・トーク」である。これは，学級の児童全員がペアを組み，与えられた課題について一方が話し，一方が聴くという活動である。聴いた児童は，どんな話だったのか，その話についてどう思ったのかなどを，児童全員の前で発表したり，プリントに書いたりした。

写真6-7　ペア・トークをする6年生児童

　国語の第1回授業づくり研修の中で，講師の須佐宏氏が，聴き合える学級の姿勢や雰囲気を「学びの風土」と呼んだ。また，対話を充実させていくには，「4人グループによる学習」が最も良いという指導があった。4人という人数は，一番忙しく，それぞれが役割をもたないと進んでいかない人数であり，机をグループ学習用に並べ変えた時にも子どもたちが近い距離を保つことができる人数だからである。

　まず教師自身が聴くことを心がけ，ペア学習や4人グループによる学習，さらにはペア・トークを授業の中にふんだんに取り入れ，聴くことを意識した指導を繰り返すことで，「学びの風土」をつくり上げていった。

イ 型にはめ込まず，教師が子どもの発言を受けて返す授業の実践

　話し合いの指導でよく用いられる「ハンドサイン」や「話型」「相互指名」といったものを，生路小学校ではあえて導入することをしなかった。それは，手だてであるはずの「ハンドサイン」「話型」「相互指名」が目標のようになってしまい，それがうまくできるように

なったことで，さも目標が達成できたように勘違いしている実践を多く見てきたからである。

　生路小学校では，できるだけ児童を型にはめず，自然な形で意見交流ができることを目指した。そのために，まず児童も教師も相手の発言を聴いて受け止める力をつけていくことを重視した。そして，児童は聴いて受け止めた後，それをもとに自分の考えを再構築する，いわゆる生路小学校が目指す「対話と吟味」ができるようになっていくことを目指し，教師は受け止めた児童の発言を次にどうつなげていくのかをできるだけ短い時間で判断する力をつけることを目指した。

ウ　つぶやきが拾える教師を目指す

　授業の中で思わず口に出てしまった児童の「つぶやき」の中に，素晴らしい考えが含まれていることがよくある。このつぶやきを拾い，つぶやきを児童の新たな思考につなげていくことで，授業が目標により向かいやすくなることもある。しかし，経験の少ない教師や，計画通りに進めたいという思いの強い教師は，つぶやきを聞き逃してしまうことが多い。つぶやきを拾う力は，教師が意識して拾おうとしない限り身に付いていかない。生路小学校では，全職員がつぶやきが拾える教師を目指して，日々の授業で意識的につぶやきに耳を傾ける努力を続けていった。

エ　授業記録に基づいた授業の検証

　平成24年度の生路小学校では，詳細な授業記録を作成し，その授業記録をもとに授業の検証を行っていった。この授業記録を見ると，教師の発問や児童の発言が正確に分かった。発問・発言の内容だけではなく，それらがどうつながっているのかも分かった。

　この授業記録では，児童のつぶやきもできる限り拾って記載するようにしたので，どんなつぶやきがあったのか，そのつぶやきを教師は拾うことができたのか，教師が拾えなかったつぶやきを拾っていたらどういう展開をすることができたのかということなどを考えるのにも役立てることができた。

資料6-2　授業記録例

生路小学校現職教育 授業記録 第5回 平成２４年９月２４日 月曜日 第２時 ３年２組（教室）			
教科	道　徳	資料名　絵はがきと切手（内容項目2-（2））	指導者　鈴木　佳代
			・◯はつぶやき。挙手しない発言も含む。
No.	時間	教　　　師	児　　　童
119	28:55	ちょっと鉛筆置いてください。書くのストップね。はい，NTくん。どうぞ。	
120	29:05		〈NT〉早く返さないと迷惑がかかる。正子さんに迷惑がかかる。
121	29:10	もうちょっと大きな声で。	
122			〈NT〉早く返さないと正子さんに迷惑がかかる。

123	29:19	じゃあどうするの？早く返さなきゃいけないんだって。IAさん。	
124	29:25		〈IA〉さっきのにもどるけど、お礼だけって書いてあるけど、送ってきた人がきれいだったことを見たら、なんか、きれいだったって言ったら、もうお礼とかはいいけど、なんかきれいだったって書いてあったから、何かどういうふうにきれいだったとか、そういうことを書けばいいと思った。
125	30:12	じゃあ、IAさんは書くの、書かないの。定形外のこと？	
126	30:18		〈IA〉書く。
127	30:19	書く。このことも書いて、このことも書く？	
128	30:30		・☺〈UK〉ちがう。そうじゃなくて。あれ？
129	30:47	UKくん。	
130	30:49		〈UK〉えーと、手紙を出すんじゃなくて、また今度話せばいい。会った時にね。
131	31:10	会えるの？遠くにいるんだって。会えるの？	
132			☺えっ。
133	31:13	月曜日、また会おうじゃないんだよ。どうする？	☺ ☺ ☺
134	31:20	さっきUKくん言ったよねえ。また定形外くれるかもしれないよって。	
135	31:28		☺〈UK〉ええっ、わからん。ええっ。
136	31:31	本当にまた来るかもしれないよねえ。この大きな葉書、来るかもしれない。	
137	31:39	TTくん。	
138	31:52		〈TT〉どうしようかな。友達なら言ってあげた方がいいのかなあ。言っちゃうと悲しい気持ちになっちゃうかもね。でも、言った方が良さそう。
139	32:06	どうして言ったほうが良さそうなの？	
140	32:10		〈TT〉あのー、いっしょにいっぱい遊んだから、気持ちが通じてくれるかもしれないから。
141	32:17		☺ ☺ ☺
142	32:20	うーん、うーん。気持ちが通じるからね。はい、NTくん。	

(6) 教師の授業づくりのエネルギーで学校を活性化する

　授業実践研究フォーラムの開催を決めてからわずか8か月余りの取組であったが，大きな成果を得ることができた。平成24年12月4日に開催したフォーラムでは，参加した多くの方々から批評箋を通して意見や感想を聞かせていただくことができた。その主なものを以下に紹介する。その内容から，フォーラム当日やフォーラム開催までの取組の成果をうかがうことができる。

- ◆　担任の先生のお人柄が伝わるような上品なつぶやきのあふれる授業，とても心地よかったです。それは，実践研究の手だてである誰もが安心して発言できるような学級の雰囲気・人間関係づくりの賜物であると感じました。助言者の先生の話にもありましたが，学級経営あっての授業ということを改めて強く感じました。また，「学級がよくなれば授業がよくなる」ということは心がけてはおりましたが，「授業がよくなれば，学級がよくなる」との生路小学校の合言葉に身の引き締まる思いがしました。
- ◆　授業を参観する中で，たくさんの授業技術を学ばせてもらえました。しかし，これは一朝一夕のものではなく，日常の学級経営から可能になっていることを強く感じました。みんなが人の話を聴く。そのベースができていないと，この研究はできないと思いました。
- ◆　ベテランの先生が若手を育てようとしていて，学ぶ姿を忘れていない。
- ◆　道徳の授業を参観させていただきました。子どもたちが安心して発言できる雰囲気が素敵だと思いました。
- ◆　要項に授業実践の様子が詳しく書かれているので，教師の切り返しと子どもの変化がよく分かります。今日の授業までに4，5回の授業実践をされていた若い先生を中心に，全員で学び合っているところが大切だと思いました。
- ◆　よい授業とはということを考えさせていただくよい機会となりました。
- ◆　あらさがしをしない協議会は，とても良いなあと思いました。私は教材研究も授業も好きですが，協議会は何だか悪口を言っているようで嫌だと思ってしまいます。楽しくあるべきものという考えに共感しました。
- ◆　同じ3年生の担任をしている者として，担任の先生の作り出す雰囲気や切り返し発問の仕方などがとても勉強になりました。自分のクラスもこんな雰囲気で話し合いが進められたらなと思います。
- ◆　授業→研究協議→対論と，本当に学びの多いフォーラムでした。要項も帰宅してから，じっくり読みたいと思います。今までに参加した研究発表会の中で最も素晴らしいものの一つでした。
- ◆　「対話」を通してということで，子どもたちが小グループをつくり，自分の考えを出す，それを受け止めるということが自然にできていたと思います。その話し合いから，質問が出されたり，提案が出されたりと，話し合いが進む中で考えを見直し，再構築していたグループを見ました。先生の普段からの子どもに対しての愛情，つぶやきを肯定的に受け止める姿，本当にすてきでした。
- ◆　教師のコーディネート力の大切さは，常々痛感しています。コーディネートがうまくいくと，本当に教師のおもしろさを感じます。今回の研究の中でも，教師のコーディネート力に着目していることが分かり，自分の目指すところに自信がもてました。

　教師の授業力が不十分だと思われる点は，まだまだ多くあるが，教師よりも先に児童が成長していってくれた。聴くことを大切にする児童や，聴いて考える児童が増えてきた。今，生路小学校では，話し合うのが好き，道徳の授業が好きと答える児童がとても多くいる。毎

第6章　実践編④　学校づくり・教師づくりをどう進めるか

日の授業の中で，児童の相手を大切にする気持ちも強くなってきた。

　今回の取組では，研究授業の前の指導案の検討は，原則として各学年に任された。そのため，授業後の職員室で各学年の教師が2人組になって授業について相談する姿が多く見られるようになり，模擬授業も，さかんに行われるようになった。これまでにはあまり見られなかった光景である。また，これまではあまり関心を示さなかった他校の研究発表会に参加したいという教師が一気に増えた。平成24年度の3学期には忙しい合間をぬって，のべ11名の教師が研究発表会に参加する。教師の授業づくりに対する関心の高まりが強く感じられる。

　今回の取組の中での成功や失敗を通して，生路小学校の教師は多くのことを経験し，学ぶことができた。授業に自信をもった若い教師もいる。そして，その自信は授業以外の面にも発揮されるようになっている。

　教師のエネルギーが授業づくりに向かうことで，学校を活性化することができる。そして，環境が整い，契機となるものがあれば，教師のエネルギーは授業づくりに向かっていく。それが実感できた今回の取組であった。

（東浦町立片葩小学校　中村浩二）

平山勉のワンポイントアドバイス

　中村先生は，若手教師の育成に多方面から取り組んでいらっしゃる尊敬する校長先生の一人です。私自身，本説で紹介されている授業実践研究フォーラムに参加させていただきました。その参加者への行き届いた配慮，そして，この日がゴールではなく，この日を契機として授業づくりを全員で考えるという姿勢を含め，学ぶべきことが多数ありました。

　確固とした学校経営があり，それを支える管理職がいて，個々の教師の授業づくりがあることを学んで欲しいです。

4 大学生と共に創るドキ☆土器☆「弥生・古墳学習」

(1)『天王文化塾』と『天王子ども塾』

　私は子どもの頃から，歴史が大好きであった。その理由を考えてみると祖母が毎日語ってくれた『おはなし日本史』にあった。祖母の歴史の話は皇国史観に基づいていたが，人物中心で楽しいエピソードに溢れた歴史であった。私が住む津島のまちの歴史（大学生となった時，それは天野信景(さだかげ)が書いた『浪合記(なみあいき)』によることに気づいた）も本当にドラマチックな展開で，大河ドラマを見ているようであった。祖母の歴史の話のおかげで，私は歴史が好きになった。私も津島の歴史につながっている存在であることを教えられた。今でも祖母の話に比べれば，私の歴史の授業などは足元にも及ばないと思う。

　「天王文化塾」は，愛知県津島市で活動している市民活動団体である。平成12年1月に地元の有志が集って発足し，以来歴史・文化を「学ぶ」分科会，郷土メニューを「食べる」分科会，町屋を保全し再生する「暮らす」分科会，全国の市民団体やNPOとネットワークを結ぶ「知らす」分科会の4つの部会で構成されている。「町は私的空間ではなく，市民みんなのもの」といった理念のもと，地域に貢献する各種事業を展開している。その中で特に「学ぶ」分科会は2ヵ月に1回講演会を開催し，会の例会・普及講演会としての機能を有している。ちなみに記念すべき第1回の例会（平成12年1月）では，私が『海部地区の弥生・古墳時代』と題して講義を行った。

　「天王子ども塾」は，平成13年8月に始まった地域の子どもたちと一緒になって，郷土の文化や歴史を学ぶための活動である。第1回の「まち中の古井戸」の整備に始まり，「まちの秘密さがし」「織田信長の生誕地を訪ねて」「山車のからくり人形」「まちかどスケッチTシャツ」「津島囃子(ばやし)」「地域の昆虫採集」「山車のジオラマ作り」などを実施してきた。どの年の会においても大学生の積極的な参加を促してきた。「天王子ども塾」は，「古くて面白いもの」を，子どもたちと「探し」「遊び」「学ぶ」ことで，子どもたちが身近な地域の歴史を発見し，参加の大人たちと郷土の課題に気づくことができるイベント活動である。これらの活動は，新世代育成を目指す「津島ロータリークラブ」との共催事業となっている。

　平成23年度から，天王子ども塾で『ドキ☆土器☆弥生・古墳・城学習』として，教職を目指す大学院生・大学生の参加を募り，生涯学習の場で子どもたちが身近な歴史を学ぶ機会を設けることにした。（3年間継続予定）これは私の祖母が語ってくれた歴史と同じように遺跡から出土した遺物を基にして，子どもたちに歴史を語りかける「場」にしていくことをねらっている。あわせて教職を目指す大学院生・大学生と授業づくりを行ってきた。子どもたちが興味関心をもつ歴史授業のあり方について共に考える場にしてきた。

(2) 平成23年度『ドキ☆土器☆弥生学習』の実践

ア 実践の概略

平成23年8月28日，津島市観光交流センターにおいて「第11回天王子ども塾　ドキ☆土器☆弥生学習」を実施した。津島市と愛西市の小学校4〜6年生28名が参加した。また教職を目指す大学院生・大学生7名が，学習支援のボランティアとして参加した。開校式では，本事業の責任者として，津島ロータリークラブ会長から激励のあいさつをいただいた。その後で，午前中に弥生時代の津島に

資料6-3　本日の学習予定

開校式	9：35〜9：45
弥生時代を学ぼう	9：45〜10：30
弥生土器の製作	10：45〜12：15
昼食・休憩	12：15〜13：00
弥生人を描こう	13：00〜14：30
津島の達人に挑戦	14：45〜15：30
閉校式	15：30〜15：50

ついての学習をした。愛知県埋蔵文化財調査センターより，津島周辺で出土した弥生時代の土器を借用してきた。本物の遺物にふれた後，ペーパークラフトで弥生土器と銅鐸を作成した。午後からは，土器に描かれた弥生人の顔に関する写真を何枚も見た。このスライドを基にイラストを描き，弥生時代のイメージをしっかりともつことができた。最後に子どもたちは，平成22年度から始まった『津島の達人　ジュニア歴史検定』の問題にチャレンジした。

教職を目指す大学院生・大学生のボランティア6名が，子どもたちの活動をサポートした。たまたま私が非常勤講師をつとめていた愛知教育大学から1人の院生と名城大学の5名の学生の参加があった。事前にメールで打ち合わせをした。当日も1時間前に集合し，最終の打ち合わせとサポートの方法についての確認を行った。あくまでも講師を手助けするアシスタントとして，ペーパークラフトの土器作成の手伝い，イラストを描く際の色や形の助言などをお願いした。昼食の時間も含めて，グループに分かれたので，子どもたちと接触する時間を多くもつことができた。閉校式では再び津島ロータリークラブの会長よりお褒めの言葉をいただいた。また参加した子どもたちと大学生が学習活動の感想を発表した。

写真6-8　当日の様子

イ 『ドキ☆土器☆弥生学習』の学習内容

学習した内容（スライド）について，簡単に述べることにする。この弥生学習では，実物にふれ，その感動をもとにして歴史学習を進めることが特徴となっている。また，学習の間にクイズを設けて，楽しみながら学習することを狙った。はじめに考古学一般（埋蔵文化財）や教科書に載っている遺跡や遺物について学び，その後でこの地域（清須市・一宮市・

津島市）の弥生時代の遺跡について学習を進めた。

子どもたちが興味をもつようにと弥生人の顔にこだわって，人面土器や土偶のスライドを多く見せることにした。弥生人といっても教科書に載っているような白い服，平べったい顔ばかりではなく，顔全体に刺青を入れた鯨面の人たちが色彩豊かな着物を着ていたことを説明した。弥生時代の文化が地域によって大きく異なり，それぞれの地域で独自の文化を発展させたことを付け加えた。

人面土器などをもとにして，弥生人のイラストを描くことで，子どもたちにとって，弥生人がより身近な存在となり，イメージを豊かにすることができたと考えている。尾張地方にある遺跡を取り上げることで，身近に歴史があることに気づくことができた。

ウ 『ドキ☆土器☆弥生学習』で製作したもの・描いたもの

今回の学習を通して，子どもたちは「パレス・スタイルの壺と甕」（いずれも愛知県埋蔵文化財調査センター）と「銅鐸」（大阪府立弥生博物館）のペーパークラフトの製作を楽しんだ。1時間半～2時間かけ，難しいところは大学生のアシスタントに教えてもらいながら製作した。ペーパークラフトは土器を面でとらえることができ，出土した遺物の破片をもとに全体の形を考えるトレーニングになった。平面の展開図を立体の土器にすることができた。また人面土器などをもとに「弥生人のイラスト」を描くことで，人の顔を通して時代のイメージを確かにもつことができたと考えている。

エ 子どもたちの感想

『ドキ☆土器☆弥生学習』の事後アンケートから，「弥生時代のことが，よくわかった10

資料6-4 当日のプレゼンの内容

スライド①	竪穴住居ジオラマ写真（大阪府立弥生博物館）
スライド②	考古学とは 人とかかわったものを扱う学問
	・遺構とは昔の人が掘った穴・溝・井戸・住居
	・遺物とは昔の人が作った道具・ゴミ
クイズ1	弥生時代に納豆はあったか。○あった
クイズ2	土器は食事をおいしくしたか。○おいしい
スライド③	朝日遺跡の逆茂木，環濠集落のイラスト
スライド④	環濠集落・望楼・高床式倉庫・柵
スライド⑤	復元された吉野ヶ里遺跡の写真
スライド⑥	弥生時代のお墓 方形周溝墓と人骨（朝日遺跡）
クイズ3	弥生時代にお菓子はあった ○あった
クイズ4	弥生時代の職業第1号は巫女であった ○正しい
スライド⑦	弥生時代の時代の分け方 前期・中期・後期
スライド⑧	銅鐸（一宮市八王寺遺跡）の写真
スライド⑨	弥生時代の建物と井戸（池上曽根遺跡復元家屋）
スライド⑩	弥生時代の道具と弥生犬（大阪府立弥生博物館）
クイズ5	弥生時代のムラは海岸から遠い ×近い
クイズ6	弥生時代になって虫歯が増えた ○米食により
スライド⑪	津島の弥生時代（寺野遺跡の遺物写真）
スライド⑫	奥津社古墳と三角縁神獣鏡の写真
スライド⑬	人面土器（安城市歴史博物館）の写真
スライド⑭	弥生時代の土偶の写真
スライド⑮	弥生時代の土偶（一宮市八王寺遺跡）
スライド⑯	津島の達人 ジュニア歴史検定の問題と解答

人，わかった13人，あまりわからなかった2人（25人中）」「弥生時代の学習が，好きになった9人，少し好きになった14人，変わらない2人（25人中）」と学習内容がよくわかり，学習活動が好きになったと好意的に回答した子どもが多かった。

子どもたちの感想としては「クイズなど簡単に楽しく覚えることができた。ペーパークラフトは難しいものを選んだ。難しかったけれどまたやりたい。弥生人の絵をかくのはバリバリ楽しかった」（6年女）「クイズがとても楽しかった。ペーパークラフトや弥生人の顔をかき，弥生人のいろいろな事が想像でき，よい経験をさせてもらいました」（6年女）「ペーパークラフトはあまり得意でなかったけど，作って体験したことで，土器の名前を覚えることができました」（6年男）「弥生時代の土器をさわることができて楽しかったです」（5年男）「納豆があることを知らなかった。弥生人の絵を描いたのがおもしろかった。犬がいるんだと思った。今日はありがとうございました」（5年女）「クイズなどで楽しく覚えることができた。弥生人の絵を描くのが楽しかった」（4年女）と書いていた。子どもたちは，感想の中でペーパークラフトの土器を作ったり，弥生人のイラストを描いたり，クイズを解いたりする学習活動が楽しかったと書いていた。子どもたちにとって意欲を高め，興味をもって追究できる歴史の学習であったことがわかる。

オ　参加した大学院生・大学生の感想

教職を目指す大学院生・大学生にとって，今回の活動は今後の学生生活でどのような学習をしていったらよいかという指針をつかむ場となった。「ペーパークラフトの土器作りに真剣に取り組んでいる子どもたちをサポートできた。できあがった時の子どもたちの笑顔を見ることができ，嬉しかった。絵も自由に色を使って明るいイラストが描けていた。子どもと一緒に1日楽しく過ごす良い機会となった。今日で津島のことについて少し知ることができてよかった。子どもたちも自分の生まれた土地を知り，地域学習をすることの大切さを感じたと思う。私も社会科の授業を開発していくヒントにしていきたい。また参加させて下さい」（大学院生）「今日は1日楽しい時間を過ごした。私のグループの5人もとても良い子どもたちで，子どもと接する貴重な体験の場となった。私の説明不足でペーパークラフトの作成が上手に進んでいくことができなかった。でも，他のボランティアさんが助けてくれたので，とても嬉しかった。名城大学では小学校教諭の免許状を取ることができないが，小学生と接すると小学校の先生になりたいと思う。弥生人を描くとき，私も子どもたちに描かされて，みんなと打ち解けた感じがした。機会があればまた参加したいと思う」（大学生）大学院生・大学生の参加者はこの活動を通して，津島の歴史について興味関心をもつとともに，教職に対して新たな目標をもつことができたようである。

カ　津島ロータリークラブでの報告会

平成23年9月2日，津島ロータリークラブの例会で『青少年育成事業―ドキ☆土器☆弥生学習』と題して，事業を担当した浅井が報告を行った。ロータリークラブでは，この学習を

新世代育成事業として位置づけられた。プレゼンテーションを作成し，第11回の天王子ども塾の様子について報告を行った。平成24年度の課題として，①大学生の積極的な参加を促し，教材準備・学習活動準備の段階から参加を依頼する。②子どもたちが食いつくような古墳や埴輪・土器にかんするキットを準備すること。が挙げられる。

(3) 平成24年度『ワクワク古墳学習』の実践

ア 実践の概略

資料6-5　本日の学習予定

開校式	9：15～9：30
海部の古墳時代	9：30～10：00
海部の古墳見学	10：15～12：30
昼食・休憩	12：45～13：30
青塚古墳について	13：30～14：00
古墳・土器づくり	14：00～15：30
閉校式	15：30～15：50

平成24年8月18日，津島市観光交流センターにおいて「第12回天王子ども塾　ワクワク古墳学習」を実施した。あま市・愛西市・津島市の小学校4～6年生22名が参加した。また教職を目指す大学院生・大学生8名が，講師としてまた学習支援のボランティアとして参加した。今年度は1名の大学院生に学習会全体をデザイン・企画する段階から参加してもらった。

開校式では，本事業の責任者として，津島ロータリークラブ副会長から激励のあいさつをいただいた。その後で，午前中に古墳時代の津島についての学習をした。愛知県埋蔵文化財調査センターより，海部地区周辺で出土した弥生時代の土器を借用してきた。（あま市甚目寺　阿弥陀寺遺跡・大渕遺跡）本物の遺物にふれ，海部地区の古墳時代について知識を広めた。そして「二ツ寺神明社古墳」「美和歴史民俗資料館」「奥津社古墳」の見学を行った。昼からは，犬山市にある県内2番目に大きい青塚古墳について学習し，青塚古墳のキットと青塚古墳から出土した土器をペーパークラフトで製作した。これらの学習をもとにして，古墳時代のイメージをしっかりともつことができた。最後に子どもたちは，今回の「ワクワク古墳学習」について学習の振り返りを行い，アンケートに回答することで自分の感想と意見をまとめることができた。これらの学習で，子どもたちは理解した内容を確かにすることができた。

教職を目指す愛知教育大学の院生2名と，名城大学の学部生6名の計8名，子どもたちの活動をサポートした。大学院生が「青塚古墳とその出土物」について講義を行った。事前にメールで打ち合わせを行った。当日も1時間前に集合し，最終打ち合わせとサポートの方法についての確認を行った。

あくまでも講師を手助けするアシスタントとして，ペーパー

写真6-9　当日の様子

第6章 実践編④ 学校づくり・教師づくりをどう進めるか

クラフトの土器作成の手伝い，イラストを描く際の色や形の助言などをお願いした。昼食の時間も含めて，グループに分かれたので，子どもたちと接触する時間を多くもつことができた。閉校式では再び津島ロータリークラブの副会長よりお褒めの言葉をいただいた。また参加した大学院生・大学生も学習活動の感想をまとめた。

イ 大学院生・大学生と共に創り上げる授業

ワクワク古墳学習では社会科教育を専攻する大学院生と授業づくりを行った。5月より4回の打ち合わせをして，教材づくりと指導案の作成を行った。当日，午後からの講義とペーパークラフトによる古墳・土器づくりの説明を大学院生に依頼した。また当日，1時間前に大学生を集め，子どもたちの学習支援の仕方についてお願いした。

今回の「ワクワク古墳学習」は，参加した大学生にとっても教職を目指すためにどのような学習をしていくとよいかを理解する場となったようである。

ウ 『ワクワク古墳学習』の学習内容

昨年度に引き続き，愛知県埋蔵文化財調査センターから海部地区で出土した遺物を借用してきた。子どもたちは本物の出土物をさわったり，においをかいだりすることができ，古墳時代の焼き物の固さを実感することができた。また弥生時代の土器も借用してあったので，土器の違いを比較することができた。午前中は「古墳とは何か」「海部地区の古墳とその出土物」についてスライドを見て，学習を深めた。この授業については，あま市教育委員会に勤める浅井が担当した。海部地区には，県内で最初に三角縁神獣鏡が出土した奥津社古墳と県内で最も古い時代の前方後円墳と考えられる二ツ寺神明社古墳が現存する。そこで，津島ロータリークラブの役員の方たちの車に分乗し，あま市にある二ツ寺神明社古墳・あま市美和歴史民俗資料館と愛西市にある奥津社古墳を見学した。歴史民俗資料館では，遺跡と出土物について，学芸員から説明

資料6-6　当日のプレゼンの内容

| スライド①　味美二子山古墳・三角縁神獣鏡の写真 |
| スライド②　考古学とは　人とかかわったものを扱う学問 |
| 　　　　　・遺構とは昔の人が掘った穴・溝・井戸・住居 |
| 　　　　　・遺物とは昔の人が作った道具・ゴミ |
| 　クイズ1　古墳時代は米作りが盛ん。○盛んとなる |
| 　クイズ2　土器は食事をおいしくしたか。○おいしい |
| スライド④　縄文・弥生・古墳時代の特徴 |
| スライド⑤　弥生時代のお墓　方形周溝墓と人骨（朝日遺跡） |
| 　クイズ3　愛知で一番大きな古墳は○断夫山古墳 |
| 　クイズ4　尾張地方の代表的な埴輪は円筒埴輪○正しい |
| スライド⑦　古墳時代の時代区分　遺跡・土器編年 |
| スライド⑧　断夫山古墳の写真 |
| スライド⑨　古墳から出土したもの　人形・舟形埴輪 |
| スライド⑩　古墳から出土したもの　三角縁神獣鏡 |
| 　クイズ5　古墳時代の焼き物は須恵器である　○ |
| 　クイズ⑥　尾張地方からは銅鏡は出土していない　×出土 |
| スライド⑫　津島の弥生時代（寺野遺跡の遺物写真） |
| スライド⑬　阿弥陀寺遺跡・大渕遺跡の写真 |
| スライド⑭　森南遺跡・二ツ寺神明社古墳の写真 |
| スライド⑮　奥津社古墳・三角縁神獣鏡 |
| スライド⑯　富士社古墳・築山古墳・二ツ寺神明社古墳の写真 |
| スライド⑰　奥津社古墳の写真 |
| スライド⑱　味美二子山古墳 |

を受けた。子どもたちは，平野の真ん中に明らかに人工と思われる高まりがあるのを実感し，これが古墳の名残であることを理解することができた。地域に古墳があり，三角縁神獣鏡などが身近に出土していることに気づくこともできた。

午後からは大学院生が犬山市にある「青塚古墳とその出土物」に関する授業を行った。青塚古墳は愛知県で2番目に大きな前方後円墳である。古墳の構造・埴輪・石鏃などについて説明を行った。クイズを出しながら，子どもたちは楽しく学習を進めることができた。子どもたちは「メモをとりながら聞くといいよ」の一言で真剣にメモをとることもできた。その後で古墳と埴輪のペーパークラフトのキットを作成した。キットはNPO法人「にわ里ネット」の製作によるもので，ペーパークラフトの製作を通して，体験的に古墳・埴輪づくりを楽しむことができた。

エ　子どもたちの感想

『ワクワク古墳学習』の事後のアンケート調査で，子どもたちは古墳時代のことが「よくわかった11名」「わかった9名」，古墳時代の学習が「好きになった14名」「少し好きになった7名」と好意的な回答をした。また感想として，「土器の種類がたくさんあり，自分でも土器を見つけてみたい」「卑弥呼の鏡があると知り，見に行きたくなった」「古墳作りが楽しかった。テレビを使った説明やクイズが楽しかった」「色々な古墳を見学することができたので楽しかった。学生ボランティアの人たちと話したのが楽しかった。飛び出す古墳づくりも楽しかった。達成感があった。みんなでご飯を食べたのも楽しかった」「大学生の人とたくさんしゃべって楽しかった。私が知らない事とか初めて見る物がたくさんあった。お昼はみんなとしゃべりながらマックを食べて楽しかった。本物の古墳や出土品を見ることができて嬉しかった」「住んでいる近くに古墳があり，びっくりした。話がわかりやすくて勉強になった」などと書いていた。今回の学習で，子どもたちは知的好奇心を高め，学習意欲を増すことができたことがわかる。

オ　参加した大学院生・大学生の感想

今回，学習の企画・運営の段階から，大学院生・大学生と共に授業づくりを進めるようにした。学生たちにとって，この企画そのものが教師になるためのエクササイズになるように心掛けた。授業を行った大学院生は，「久しぶりに古墳時代について勉強した。小学生に古墳について教えることがあったが，事前に勉強しておけば良かったと思った。小学6年生の女の子4人を担当したが，だんだん慣れてきてすごく喋ってくれるようになった。小学生と触れ合う機会となり，とても良い経験となった。」また，子どもをサポートしてくれた学生は「1日中学ぶことが多く，小学生を見ているととても元気になった。私が今まで大学の教職の授業で学んだことを実際に活用することができて良かった。浅井先生や森さんのように上手に説明はできないと感じた。残りの2年間で頑張ろうと思った。土器などを皆に渡すとき『必ず両手で』や話を聞くときは『しっかりと聞くこと』など最初にルールを言うことが

第6章 実践編④ 学校づくり・教師づくりをどう進めるか

とても大切で大変なことを知った」と感想をまとめた。

(4) 成果と課題

① ロータリークラブや天王文化塾など社会教育団体の力を活用して，学校以外の場に子どもたちの学習の機会を設けることができた。子どもたちにとって，歴史学習の発展・継続・再発見の学習を促すことができたと考える。
② 本物の遺物と出会い，遺跡を見学し，ペーパークラフトを作成するといった作業学習を行うことで，参加した子どもたちは実感を伴った歴史学習を体験することができた。
③ またボランティアとして参加した大学院生・大学生にとっては，今後学園で教職を目指してどのような学習を展開していけば良いかを理解する機会となった。各参加者が教職を目指す意欲を高める機会となった。

(あま市教育委員会　浅井厚視)

平山勉のワンポイントアドバイス

　この5年間浅井先生は，学校の枠を飛び出し，社会教育団体とコラボレーションを図った歴史学習（イベント）のあり方を進めています。今回の実践もそのような状況から生まれました。さらにこれらのイベントでは，名城大学をはじめとした教員志望の大学生を受け入れ，教師づくりの場としている点に特徴があります。浅井先生の持論である「（地域）素材の教材化の進め方」や「遺物（本物）を提示して，授業に夢中となる手だて」「ペーパークラフトの製作（土器づくり）による作業学習」など大学生が身に付けてほしいテクニックが一杯つまっている実践と思います。

　これらの内容については，MSAT授業実践交流フォーラムで，その一端を発表し続けていただいています。今後，教員志望の大学生にとって，子どもと接する機会の提供とともに，どのような力量が必要かを考え，質と量との吟味を行った実践を積み重ねていただきたいと思っています。そのために私も大学の立場から，力をお貸しするつもりでいます。

おわりに

　私が教師になろうとした頃1冊の本と出会った。『斎藤喜博を追って　向山教室の授業実践記』（昌平社）という本であった。この本はやがて『教師修行十年』（明治図書）と改題され，教育技術の法則化運動のバイブルとなっていった。「人の師であることにおののきながら，自分の仕事を厳しく見つめる教師によって，一つまた一つと教育の仕事は前進させられてきた。ぼくは心ある教師たちのそういう仕事を受け継いでいきたいと思う。ぼくの代でおこなわれた仕事は，やがて次の代の教師たちが引き継いでいってくれることであろう」

　私はその後，全国的な大きなうねりとなった教育技術の法則化運動には参加することはなかった。しかし，「子どもたちに真摯に向き合い教育実践を積み重ねること」「その中で教師としての力量を高め，プロの教師を目指すこと」を自分に課すことにした。そして教師としての自分を成長させるために，いつも授業実践を語り合うための小さな研究会に所属することにしてきた。今回この本をまとめた「平山研究会」も私の教職人生の後半で結成し，次の世代に教育実践を伝えるため，創りあげた研究会である。

　この『今日の授業実践から明日の授業実践を創造する―教育方法学へのいざない―』は，第1章・第2章が理論編となっている。「授業設計の理論」と「授業記録を通した教育課程履修生の力量形成の可能性」について，実践を踏まえた平山理論が展開されている。第3章は「教科・道徳の授業づくり」について，第4章は「総合的な学習の時間」の授業設計について，第5章は「マルチメディア教材の理論と実践」について，平山理論を踏まえた教育方法学の具体的な実践例が展開されている。そして第6章では広義の教育方法学として，授業をもとにした「学校づくり・教師づくり」の実践をまとめることにした。さらに学校以外の場所で行われた生涯学習（青少年教育）の実践についてもまとめることにした。それぞれの実践の最後に平山先生のワンポイントアドバイスをのせ，実践の成果と課題について触れた。この本を通して，我々の年代の授業実践を次の若い世代へ伝えることができたのではないかと思っている。

　現在私たち（平山研究会）は名城大学の駅前サテライト校舎（MSAT）をベースに，MSAT授業実践交流フォーラムも実施している。このフォーラムでは，愛知県内の授業実践の交流を図ると共に，喫緊の教育課題（教育方法の課題）について，学校・教育委員会・総合教育センターと大学とで話し合っている。今後，この研究会の研究成果を本にすることで，平山理論をもとにした教育方法学の実践を若い先生方に伝えていきたいと考えている。

（あま市教育委員会　浅井厚視）

執筆者一覧（所属は刊行時のものです）

平山　勉	名城大学教職センター（執筆者代表）
浅井厚視	あま市教育委員会
植田真夕子	津島市立蛭間小学校
宇野善久	あま市立伊福小学校
大野正親	津島市立蛭間小学校
岡田幸博	あま市立七宝北中学校
中村浩二	東浦町立片葩小学校
服部　太	津島市立西小学校
早川浩史	江南市立宮田中学校
水谷彩誇	東浦町立生路小学校
吉川達人	東海市立教員研修センター
和田英也	東浦町立石浜西小学校
渡辺幸人	津島市立西小学校

〈五十音順〉

編著者紹介

平山　勉（編者・執筆者代表）
1961年富山県富山市生まれ。
1992年名古屋大学教育学研究科博士課程単位取得満期退学。
秋田大学教育学部附属教育実践研究指導センター講師・助教授を経て，
現在，名城大学教職センター准教授，専門は教育方法学。
「ユビキタス映像記録視聴システムを活用した授業の多元的記録・分析・構成方法」平成20年度－24年度文部科学省科研費補助金基盤研究（C）　研究課題番号：20500853,「授業記録アーカイブ・配信システムの開発に基づく授業の多元的記録・分析・構成方法」平成17年度－19年度文部科学省科研費補助金基盤研究（C）　研究課題番号：7500661を受託し，授業映像記録の特性を生かした授業研究の方法を追究している。海部地区のマルチメディア講習会の講師，愛知県総合教育センター・大学共同研究委員等，教育現場の実践能力育成に従事している。東海教育実践交流研修会，MSAT授業実践交流フォーラム事務局代表，授業映像記録を通して教師としての力量を高める会代表として，若手教師や将来教師を目指す学生と学び合いを続けている。
趣味は，水泳。
主な著書は，『授業分析の方法と課題』『学ぶ楽しさを生む生徒・教師・学校をつくる』（いずれも，共著，黎明書房），主要論文「ショット分析に基づく授業の記述方法の試み―同一ポジションにおける複数の撮影者による授業記録の分析―」（教育方法学研究，第20巻所収），「教師と実習生による授業録画記録の分析を通した両者の授業観察視点の比較研究」（教育メディア研究，第2巻，所収，共著），「マルチアングル映像記録を活用した授業観察視点の抽出―生活科の映像記録の分析を通して―」（教育メディア研究，第7巻第1号所収，共著），「キャンパス間ネットワークを活用した教職入門特別授業の試み」（京都大学高等教育研究，第12巻所収，共著）等がある。
連絡先　hirayama@ccalumni.meijo-u.ac.jp

イラスト：岡崎園子

今日の授業実践から明日の授業実践を創造する
―教育方法学へのいざない―

2013年6月20日　初版発行

編著者　　平　山　　　勉
発行者　　武　馬　久仁裕
印　刷　　藤　原　印　刷
製　本　　協　栄　製　本

発　行　所　株式会社　黎　明　書　房

〒460-0002　名古屋市中区丸の内3-6-27　EBSビル
☎052-962-3045　FAX 052-951-9065　振替・00880-1-59001
〒101-0047　東京連絡所・千代田区内神田1-4-9　松苗ビル4F
☎03-3268-3470

乱丁本・落丁本はお取替します　　　　ISBN978-4-654-01882-6
©T. Hirayama 2013, Printed in Japan

学ぶ楽しさを生む **授業・教師・学校をつくる** 　　　　酒井宏明・若手教育者研究会編著 　　　　　　　A5・124頁　1800円	子どもたちに学ぶ喜びを体験させるにはどうしたら良いのか。授業や教師，学校づくりの3つの観点から，その手立てを実践を通して詳述。小・中学校の一流教師による優れた社会科の実践を多数収録。
新学習指導要領を見通した岡崎付属小の **社会科・生活科の授業** 　酒井宏明・愛知教育大学附属岡崎小学校社会科研究室編著 　　　　　　　A5・132頁　1800円	子どもの実態をとらえ，子どもの成長を図る教材を地域から選定し，子どもの思考に沿った単元を構想し，授業を展開する，愛知教育大学附属岡崎小学校の生活科・社会科の実践を紹介。
くすくんの　えがお ―ほんとうの　たからもの― 　　梅園絵本制作委員会（代表・二瓶千秋）編著 　　　　　B5上製（絵本仕立て）・1429円	長年，ESD（持続可能な発展のための教育）に取り組み，環境学習に励んできた岡崎市立梅園小学校の児童と教師が力を合わせて作った，読めば心があたたかくなる環境教育絵本。
カンタンでグッとくる **「見つけ学習」のすごさ** 授業が変わる13のステップと20のワザ 　　　　前田勝洋著　A5・125頁　1800円	自分が「すごいなと思うこと」「心に残ること」を，子ども自身が見つけることから始まるシンプルな学習法「見つけ学習」のすごさを，教科における指導法も含め詳しく紹介。
教育に「希望」をつむぐ教師たち 「感動ありがとう」教師の知恵と自覚に学ぶ 　　　　前田勝洋著　A5・157頁　2000円	学校や教師を取り巻く厳しい現実を真摯に受け止め，子どもたちのため，自己実現のために真剣に教育の仕事に汗を流す教師たちの取り組みを紹介。誠実で，誠実で，心底誠実な教師／他
全員を聞く子どもにする **教室の作り方** 　　　　多賀一郎著　A5・147頁　1900円	人の話をきちっと聞けないクラスは，学級崩壊の危険度が高いクラス！　反対に人の話を聞けるクラスにすれば，学級も授業も飛躍的によくなります。聞く子どもの育て方を，具体的に順序だてて紹介。
今どきの子どもは **こう受け止めるんやで！** 親と先生へ伝えたいこと 　　　　多賀一郎著　四六・157頁　1700円	子どもは信頼できる大人に受け止めてもらえるのを待っています。今どきの子どもを理解し，子どもの思いを受け止めることは簡単なことではありません。しかし，ちょっと視点を変えれば，誰にでもできます。
教室に笑顔があふれる中村健一の **安心感のある学級づくり** 　　　　中村健一著　A5・158頁　1800円	シリーズ・教育の達人に学ぶ②　若手教師必読！　子どもたちの心をツカみ，笑顔あふれる学級をつくる方法を伝授します。「お笑い」「フォロー」「厳しく叱る」で教室を安心感のある場所にする方法を紹介。
担任必携！ **学級づくり作戦ノート** 　　　　中村健一編著　B5・87頁　1900円	学級づくりを成功させるポイントは最初の1ヵ月！例を見て書き込むだけで，最初の1ヵ月を必ず成功させる作戦が誰でも立てられます。今の教室は戦場です。「作戦」なしには学級は成り立ちません！

＊表示価格は本体価格です。別途消費税がかかります。

■ホームページでは，新刊案内など，小社刊行物の詳細な情報を提供しております。「総合目録」もダウンロードできます。http://www.reimei-shobo.com/

野中信行が答える
若手教師によくある悩み24

野中信行著・中村健一編　A5判・141頁　1800円

初任者指導教諭の著者が，若手教師の悩みに教育実践に通じる具体的な手立てを交えて答える。メルマガ連載中から大人気の「若手教師の悩み」に加筆し書籍化。学級・授業づくりなどに悩む若手教師必読！

教師に元気を贈る56の言葉

山田洋一著　四六・140頁　1500円

日々の困難・苦労を乗り越えるために現場教師が作った教師のための56の格言。「各格言のエピソードがいい，一気に読める，元気になる」と発売早々大反響。くじけそうになったときに開いてください。

子どもとつながる教師・子どもをつなげる教師
好かれる教師のワザ＆コツ53

山田洋一著　A5・125頁　1800円

授業や放課，行事など，さまざまな場面で教師と子どもの絆を深めることができる53の実践をイラストとともに紹介。実際にワザとコツを用いた場面でのエピソードがついているので，誰でも出来ます。

新版　これだけは知っておきたい
教師の禁句・教師の名句

諏訪耕一他編著　四六・195頁　1700円

「ことばかけ」の失敗は，学級崩壊や子ども・保護者との信頼関係の破綻のもとになる！　日本中に反響を巻き起こした前著を全面改訂。インターネットなどのトラブルへの指導等，今日的な事例を多数紹介。

仕事の成果を何倍にも高める
教師のノート術

大前暁政著　四六・148頁　1500円

ノートを活用した授業細案の書き方，会議におけるノートの取り方，初任者研修ノートの書き方，後で見て役立つノートの書き方など，今すぐ誰でもできるノート術を達人教師が公開。

教師のための時間術

長瀬拓也著　四六・128頁　1400円

毎日仕事に追われ，学級経営や授業に悩む先生方必読！　時間の有効活用法をあみだし，仕事に追われる日々から自らを解放した著者の時間術を全面公開。多忙を嘆いても始まらない／他

子どもも保護者も愛読者にする小学校1・2・3年の
楽しい学級通信のアイデア48

蔵満逸司著　B5・102頁　2000円

子どもとの距離も保護者との距離もぐっと近づく学級通信を48種紹介。作成手順や具体例がそのまま使えるワークシートを掲載。保護者が気になる低学年ならではのネタを紹介。「4・5・6年編」も好評発売中！

分厚くなった教科書を活用した
40の指導法
今度こそ「教科書"で"教えよう」

加藤幸次著　A5・144頁　2000円

詰め込み教育が心配されている分厚くなった新しい教科書。その教科書を効率よく使って，詰め込みにならずに，学習指導要領の示す各教科の目標を確実に達成する40の方法を具体的に紹介。

絶対評価と
ルーブリックの理論と実際

高浦勝義著　A5・223頁　2500円

単元指導計画の作成から評価計画の立案，評価基準としてのルーブリックの作成等を，日米の実践を交えて説く，絶対評価の全体像がわかる一冊。「ポートフォリオ評価の登場とルーブリック」など。

＊表示価格は本体価格です。別途消費税がかかります。